GROS-KOST

COURBET

SOUVENIRS INTIMES

Illustré de dessins originaux hors texte
Par Bigot, Boissy, C. Pata, Karl, Cartier etc.

PARIS
DERVEAUX, LIBRAIRE-ÉDITEUR
32 RUE D'ANGOULÊME, 32
1880
—

Droit de traduction et reproduction expressément réservés

*À Montégut,
poète, trouvé, par hasard
son ami — qui n'eut mot
Gros-Kost.*

GUSTAVE COURBET

SOUVENIRS INTIMES

N. B. Il a été tiré pour le volume de Courbet des gravures *avant toute lettre*.

Ces gravures n'ont pas été mises dans le commerce : elles ont été tirées SPÉCIALEMENT POUR LA PRESSE.

GROS-KOST

COURBET

SOUVENIRS INTIMES

Illustré de dessins originaux hors texte
Par Bigot. Boissy. C. Pata, Karl Cartier etc.

PARIS
DERVEAUX. LIBRAIRE-ÉDITEUR
32 rue d'Angoulême. 32
1880

Droit de traduction et reproduction expressément réservé

Paris, typ. de M. DECEMBRE, 326, rue de Vaugirard

DÉDICACE

A MAURICE MONTÉGUT

A L'AUTEUR

DE

Lady Tempest, des *Noces noires, etc., etc.,*

A toi, qui écris de bons livres, mon ami, — *pour que tu saches comment on en fait un mauvais,* — *je dédie ces* SOUVENIRS INTIMES.

Lis, ou ne lis pas, — *mais pardonne.*

TIBI,

E. GROS-KOST.

8 avril 1880.

PRÉFACE

La plupart de ces articles ont paru dans la *Revue réaliste*.

Cette revue, quoique bonne personne, fit beaucoup parler d'elle. — Cela suffit pour la tuer.

Son plus grand tort était d'avoir un titre qui déplaisait, car d'être réaliste la pauvrette ne se souciait guère ; et si les puristes ne furent pas satisfaits, c'est que, dans le fantasque amour-propre qui nous porte à chercher des poux dans de la paille, rien n'égale le sublime plaisir de les y mettre, et de les y trouver.

Donc, les insultes plurent comme grêle sur la nouvelle venue, — qui n'avait pas de parapluie.

La critique, — qui l'eût cru! — fit donner jusqu'à sa réserve. Une noble émulation poussa en avant tous ces territoriaux de la saine littérature. — Aussi, quelle fête, mes amis! Et quels coups d'étrivières! — Mais, en revanche, de notre part quelle philosophie! L'on prêtait l'échine et l'on riait.

Nous buvions le fiel des Aristarque, et il nous semblait doux comme du lait. Nous fléchissions sous le poing des toréadors de feuilles de choux, et cela nous paraissait une caresse. Un jour même, certain journal nous appela vidangeurs. — Que nous restait-il à désirer? Notre tâche était remplie. Nous pouvions mourir.

Et c'est ce que nous avons fait, — cela soit dit sans plaisanter.

Personnellement, nous avons tiré une grande leçon de ces piaulements de la bourgeoisie plumassière.

Grâce aux remontrances aimables de nos

maîtres, nous concevons maintenant cet idéal qu'ils nous vantaient.

Nous racontions la vie d'un grand peintre, — d'un homme au caractère paradoxal, souvent étrange, toujours singulier. Dans la bonne foi de notre ignorance, nous avions cru qu'il était nécessaire de le représenter tel que nous l'avions rencontré. Mais c'était là une erreur profonde.

Un style doux et terne, plat et fruste, exsangue et chlorotique, était indispensable pour *portraire* un artiste chaud et brillant, ardent et audacieux, vigoureux jusqu'à la pléthore, robuste quelquefois jusqu'à l'excès.

Le zézaiement timide d'une jeune pensionnaire était de règle dans un pareil sujet.

Cette intelligence tardive du grand art ne put malheureusement pas nous être utile. Ce modeste livre était déjà fait.

1.

Le courage nous a manqué pour le recommencer.

E. G.-K.

Janvier 80.

GUSTAVE COURBET.

Imp. A. Salmon.

I

LE PÈRE COURBET.

Gustave Courbet est mort récemment.

Il laisse un gros garçon joufflu, au large poignet, aux reins solides, qui ne demande qu'à lutter.

Son nom est Réalisme.

Le hasard, ce bon diable, nous ayant mis en rapport avec le peintre, nous allons recueillir nos souvenirs. L'œuvre, nous la mettrons de côté. Pour l'homme, nous le photographierons aussi exactement que possible. Esprit, tempérament, tête, cœur, pipe et palette, tout y passera.

Consacrons ce chapitre à la famille de l'artiste.

Artiste est-il bien ?

Non. Retirons le mot. Courbet ne serait pas content, s'il pouvait le lire.

— Les artistes, nous disait-il, je les méprise.

Ecrivons tout simplement : *peintre*.

Courbet n'était qu'un peintre.

Son père, — le père Courbet, comme on dit à Ornans, — aura bientôt quatre-vingt-cinq ans. Pour d'autres c'est la vieillesse.

Comme son fils, qui n ignorait, d'ailleurs, aucun de ses avantages, — et bien lui en prit, puisque tous ses confrères les niaient, — il aime à donner encore des preuves de sa vigueur.

Certain curé des environs en fit l'expérience à ses dépens. L'aventure eut lieu en pleine rue, à la grande joie des bonnes gens rassemblées.

Le curé passait. Le père Courbet l'appelle et se met à causer.

Dans le feu de la conversation, pour mieux convaincre son interlocuteur, il lui saisit le poignet. Dès lors, il ne le lâche plus. Il parle de ceci, de cela; du beau temps, de ses prés, de Gustave; serre peu à peu, jure beaucoup, — tient bon pendant une longue demi-heure. La main du prêtre devint bientôt aussi noire que sa soutane.

Quelques jours auparavant, il avait daubé *Gustave* dans le pays. Le bruit en était venu jusqu'à la petite ville. Gustave était vengé !

Du biceps, voilà ce qui caractérise physiquement le bonhomme.

De l'entêtement, joint à une parcimonie paysannesque, voilà pour le moral.

Son activité est grande, mais ses affaires ne prospèrent pas.

Dès l'aube, les mains dans les poches, la casquette sur l'oreille, il court, à longues enjambées, visiter son *bien*. Il travaille toute la journée, soignant ses prairies, inspectant chacun de ses sillons. Quant au profit, quel est-il ? — Il possède une vigne. Il en demande un prix déraisonnable et ne parvient pas à la louer. — Veut-il la cultiver lui-même ? Le temps de la vendange venu, il faut embaucher des ouvriers. Mais les ouvriers coûtent trop d'argent! Sur le sarment pourrit le raisin. — Il est maître d'un coin de bois. Les chênes y poussent superbes. Il les fait abattre et débiter. Seulement, il prétend les vendre trop cher. Personne ne l'écoute. Il cherche alors un stratagème : il enverra l'écorce aux tanneurs, qui la céderont aux pharmaciens pour faire du quinquina ; le bois, façonné à ses frais, deviendra des essieux et des rais de voitures. Grâce à cet expédient, il parvient encore à se débarrasser de l'écorce ; le prix est fait, il n'y a pas à marchander. Les essieux moisissent dans son grenier.

On cite un trait de lui.

Il est en discussion avec un de ses fermiers. De part et d'autre on s'échauffe, on veut plaider. Qu'imagine le madré compère, pour justifier ses prétentions ?

— « J'ai loué à Pierre l'un de mes champs, celui qui est au bord de la Loue. C'est très-bien, je le reconnais ; il y a un bail. Mais dans ce champ se trouvent deux noyers ; ces deux arbres sont à moi ; tout ce qu'ils produisent m'appartient. Or, sur la fin de l'automne, Pierre fait enlever les feuilles qui tombent, — sous prétexte qu'elles empêcheraient l'herbe de pousser. Donc, il doit me les payer. »

C'est pourquoi Pierre demeura, certain jour, ahuri devant un mémoire de son propriétaire, où se lisait la petite ligne suivante :

Pour les feuilles des deux noyers, **25 fr.**

Un digne homme, au demeurant, ne valant ni plus ni moins que ses voisins. Ses défauts lui viennent de son état et de son milieu. Ils ne tranchent guère sur le fond commun que par une innocente exagération. — Courbet avait quelques traits de ce caractère.

Cette esquissse fera s'esbaudir les bourgeois du Marais. Ils se demanderont, — si tant est qu'ils se demandent quelque chose, ne pouvant rien se répondre, — quel accueil dut recevoir Courbet quand, renonçant au droit, il vint trouver cet homme *pratique* et lui déclarer que sa vocation l'entraînait vers les arts. Par les temps de spiritualisme qui courent, il est admis que si l'on aime ses enfants, on doit les faire épiciers. — Eh bien ! Le père Courbet ne fut pas étonné. Il ne récrimina point. Il encouragea Gustave. Il ouvrit son porte-monnaie !

C'est qu'il aimait son fils par-dessus tout, se souciant pourtant de l'art moins que d'une guigne !

Quelle fut son indignation quand le conseil municipal d'Ornans fit enlever le *Pêcheur de Chavots!* Le grand promoteur de ce décret était un M*** qui se défendait comme un énergumène d'avoir jamais connu le philosophe Proudhon, son parent.

Les charpentiers du pays refusèrent de

prêter leur aide. On raccola quelques pauvres diables, et le pêcheur, délicatement enveloppé dans un paquet de cordes, fut ramené à l'atelier.

Le père Courbet entra dans une colère terrible. Il cria si fort que toute la contrée fut sens dessus dessous.

Crier, c'est le faible de cet homme lorsque *ça ne va pas*. Il crie d'autant plus haut qu'il est presque sourd

Quand son fils sortit de prison, il fit un voyage à Paris. Gustave raconta au vieillard ce qu'il avait enduré : la fuite pendant la bataille des rues; les angoisses qui le saisirent dans le lieu où il s'était caché ; son arrestation ; son départ pour Versailles, à pied ; les plaintes de ses compagnons.

Il y en avait un qui pleurait ; sa femme, à côté de lui, était furieuse : « Raidis-toi donc, lui disait-elle; tu te tiens comme une vache! » Il n'avait pas oublié le mot qui lui plaisait.

Dans l'avenue des Réservoirs, un jeune homme cracha sur la barbe du peintre. Une gaupe lui brisa son ombrelle sur la tête.

— Cré tonnerre, cria le père, on t'a fait ça ?

— Oui, père.

— Ne me retiens pas. Je renverse les maisons...

Gustave inspecta du regard avec défiance les environs.

— Écoute, mon pauvre vieux, dit-il : j'ai renversé la colonne ; toi tu veux renverser les maisons. Ce serait le comble ! Retournons au pays.

Et il entraîna le paysan, qui se débattait...

Le peintre, possédait, du terroir cette pointe d'humour franc-comtois que l'on trouve dans le *Retour de la Conférence*. Le père l'avait aussi, et bien aiguisée.

Nous le connûmes lorsqu'il reçut la croix du roi de Bavière pour Courbet. Pendant que les journaux de Paris reprochaient au républicain de subir cette décoration, le père la portait dans le fond de sa poche.

Chaque matin il faisait son tour de Grand'-Rue. Il montrait la breloque à quiconque passait, et il blaguait. Sous un amas de mouchoirs, de clefs, de couteaux, de ficelles, gisait l'étoile morfondue. Il fallait admirer le ruban ! Lorsque l'on avait bien ri, l'hommage du tyran reprenait place dans ce petit bazar que porte toujours avec lui un agriculteur rangé.

Courbet avait trois sœurs. Nous ne voulons pas parler de celle qui vient de se révéler au public par un procès...

Des deux autres : l'une est devenue son héritière : la seconde est morte en 1871.

Nous vîmes celle-ci pour la première fois dans une de nos promenades à Ornans.

Elle était chez son père, dans l'écurie. Les bras nus, à pleines mains, elle ramassait du fumier. Nos instincts romantiques de l'époque, — nous étions jeune, — furent d'abord froissés. Cela puait d'autant plus qu'il faisait une chaleur torride ; cependant, lorsque la jeune fille releva la tête pour nous parler, et que nous vîmes ses deux yeux, blancs et longs comme des œufs, nous comprîmes tout de suite le réalisme. Cela ne puait plus tant. De toute évidence, il pouvait se trouver de belles choses dans ce que les gommeux de lettres appellent la pourriture. — Courbet a fait le portrait de cette jeune femme. — Les yeux y sont très-beaux.

II

LA GUERRE AUX LIVRES

— J'ai tout bousculé au collége, disait Courbet.

Le fait est qu'il y a peu travaillé.

Il en sortit sachant lire et écrire, — tout au plus ; et ces deux talents, il les dédaignait.

La vuë d'un livre le mettait en colère. L'aspect d'un encrier le faisait reculer. Il se bornait à parcourir les articles où il était question de lui.

Ce fait donne la mesure de son amour-propre.

Pour l'orthographe, à quoi bon en parler ?

Elle n'existait pas. On ne devait pas exprimer les idées par des mots ; il fallait les dessiner.

Sa sortie de prison fut le signal d'un nouvel engouement dans le public. Les commandes arrivaient de tous les côtés. Les marchands quittaient Paris pour le relancer jusque dans sa retraite.

— Ma peinture a quadruplé de valeur, s'écriait-il ! Et c'était vrai.

Il reçut un jour une lettre de M. Hollender, de Bruxelles, lui demandant quelques tableaux. Il refusa. Dans le fond, il craignait de ne pas être assez payé.

Il lui avait donc fallu répondre, et mal lui en avait pris.

D'habitude un ami était toujours là pour lui prêter un tantinet de grammaire : — prêt généreux qu'il n'était pas capable de rembourser. En ce moment, l'ami lui manquait. Il s'escrima seul avec la feuille de papier.

Quelques mois s'écoulent. — Quelle figure doit faire cet Hollender! ricanait-il, un jour, entre deux bouffées de fumée, — lorsque Castagnary lui communiqua une fâcheuse nouvelle.

Cet Hollender avait des amis en Allemagne qui rédigeaient une gazette artistique : *le Salon;* il leur avait surnoisement communiqué l'épître. Après un long article d'éreintement, on avait autographié le manuscrit.

Que de fautes, et quelles fautes ! *toile* était écrit avec deux *l*.

Un des plus vieux amis du peintre en était atterré.

— Comment ! vous écrivez des lettres pareilles et vous ne semblez pas vous douter du tort que cela vous fait ? Il faut toujours éviter le ridicule.

— Je ne puis jamais être ridicule. D'ailleurs, tous les grands hommes ignoraient l'orthographe. Voyez Napoléon Ier ! Pour cacher ses fautes, il avait pris une écriture illisible.

— Alors, soyez illisible vous-même, mais ne laissez pas voir que pour vous, peintre, le mot *toile* doit avoir deux *l*.

— La prochaine fois j'en mettrai trois ! Le dictionnaire est un vieil abruti que je ne veux pas fréquenter. Au reste, il n'y a de fautes possibles qu'au commencement et à la fin des mots ; la première et la dernière lettres sont seules indispensables ; entre elles, on peut mettre tout ce que l'on veut...

Et il bourra une pipe.

Cinq minutes après, il ajoutait :

— C'est égal, dans cette affaire-là, c'est Hollender qui est le plus vexé !...

Ses connaissances se réduisaient à ce qu'il avait retenu de ses conversations avec Auguste M...., aujourd'hui conseiller de préfecture, mais alors simple amateur de la palette. L'érudition de cet Auguste M... était très-variée.

Pendant que Courbet, le pinceau au poing, avançant, reculant, clignant de l'œil, travaillait, le savant causait, — et, donnait une touche par-ci, une touche par-là, prêtant une oreille, modifiant une couleur, retenant un mot, tant bien que mal, Courbet s'instruisait. Mais quel emploi étrange faisait-il des notions qu'il recevait !

Un exemple :

Auguste M... lui avait appris un jour que chez certains peuples, il est d'usage de donner un *repas des funérailles*. Les amis se rassemblent. On parle du mort. On mange un morceau. On boit à la santé des survivants, et l'on s'en retourne consolé. — A dix ans de distance, ce trait de mœurs revint en mémoire au peintre, mais sous une forme singulière et toute nouvelle. Le peuple dont parlait l'érudit fut celui de la

Franche-Comté. Les joyeux convives de la dernière heure furent les paysans d'Ornans.

— J'ai trouvé, dit-il à un médecin de ses amis, un sujet de tableau bien réaliste. Je suis en train de l'ébaucher. Vous, un vieux Franc-Comtois, vous connaissez certainement la coutume en vigueur, depuis des siècles, dans notre pays. Quand une jeune fille meurt, on donne un repas appelé : *repas des funérailles*. On apporte le corps dans la chambre du festin. Toutes les amies sont réunies. On cause de la morte. On mange un morceau. On boit à la santé des survivants, et l'on s'en retourne consolé.

La première fois que j'assistai à cette cérémonie, je fus empoigné.

Je ferai avec cela un chef-d'œuvre.

De belles filles, de larges brocs, un va-et-vient de domestiques, et au milieu, le corps de la morte, verdâtre, d'une couleur qui fait comprendre qu'il doit déjà sentir mauvais. *Ce sera très- vrai.*

Le brave docteur qui a passé toute sa vie dans la contrée, fut tellement interloqué d'apprendre que le *repas des funérailles* y était en usage depuis des siècles, qu'il ne prit même pas la peine de protester.

Le tableau, interrompu par les événements, rencontra cependant un amateur.

Nous prions cet inconnu de ne pas trop croire à l'exactitude de cette scène, qui lui a été sans doute donnée pour une reproduction saisissante de la vie réelle en Franche-Comté.

Les poëtes n'étaient pas de ses amis.

— Faire des vers, disait-il, c'est malhonnête ; parler autrement que tout le monde, c'est poser pour l'aristocrate.

Baudelaire trouva cependant grâce devant lui, ainsi que Max Buchon, l'auteur des *Fromageries*.

Ce dernier, très-peu connu à Paris, est populaire en Franche-Comté. Théophile Gautier le cite, quoique réaliste, dans son *Histoire du Romantisme*. Si le peintre s'attacha à lui, c'est que son talent répondait par certains contours au genre de beauté qu'il aimait.

Dans son volume de vers, il y a des émanations de soupe aux choux, des fermentations de vendanges et des refrains ruraux qui prirent au cœur l'enfant positif d'Ornans. — C'est du Téniers, avec un bonheur d'expression, une justesse de ton du plus grand effet.

Baudelaire avait pour lui sa *Charogne*. Ce résidu de matières déliquescentes infectant le fossé, témoignait d'un grand talent et d'une grande hardiesse. Courbet donna l'hospitalité à l'auteur dans son atelier.

Dans un coin, on accumula des hardes; on mit deux draps dessus; le lit était improvisé. Le poëte avait désormais un domicile.

Pendant que l'un peignait, l'autre rimait.

Les longues séances se terminaient devant une bonne chope venue du plus prochain cabaret.

La seule chose reprochée à Baudelaire par le réaliste, c'était cet abus d'opium qui l'emporta.

Croyez-vous cependant que le peintre se préoccupât de l'hygiène ? Point du tout. Mais, quand il avait absorbé son opium, ce Baudelaire devenait énervant. Il avait des visions. Il lançait des phrases. Il lâchait des hémistiches. Son ami s'était, un soir de griserie, malheureusement, engagé, sous serment, à noter, sur un grand tableau noir, toutes les divagations obscures et incohérentes du bohémien sidéré.
— Écrire ! Comprenez-vous ? Quel supplice !
— A son réveil, Baudelaire trouvait, se dressant devant lui, la stature colossale d'un homme en colère, le regardant avec des yeux de feu, et tenant un morceau de craie...

Le tempérament agressif de Courbet lui faisait traduire ses antipathies par des coups de pinceau.

Les poëtes l'agaçaient.

Il conçut leur apothéose, et fit la *Source d'Hippocrène.*

C'était à l'époque où un sonneur de phrases creuses célèbre venait demander à la nation de lui prêter cent sous.

Lamartine était représenté au second plan du tableau, avec une besace. Plus loin, à une corde de réverbère, l'écume à la bouche, la langue au vent, se tortillait le pauvre Gérard de Nerval. Un troisième avait fait le plongeon. Il était là, pataugeant et buvant jusqu'à plus soif. Au milieu, un rocher. Sur le rocher une femme. Belle et nue comme la *Dame au perroquet.* — Seulement, elle ne jouait pas; elle crachait. Elle crachait dans une vasque légère où un tas de petits rimeurs venaient se désaltérer. — C'était la *Source.*

— Vont-ils être furieux, les poëtes, disait-il !

Hélas, un matin, entrant dans l'atelier, il trouva la toile crevée. Placée trop près du mur, elle était tombée sur une chaise qui avait, le mieux du monde, passé au travers.

C'était dommage. — Les poëtes n'ont pas été furieux.

III

ENTÊTEMENT

Véritable tête de granit que Courbet, lorsqu'il voulait quelque chose. Il tenait cela de son père. Celui-ci s'était-il féru d'une fantaisie. Impossible de l'y faire renoncer.

Courbet riait beaucoup d'une partie de chasse entreprise, malgré ses conseils, par le bonhomme. Il s'agissait, pour ce dernier, de poursuivre, avec un chien d'arrêt, le gibier qui ne se prend qu'au chien courant.

— Ne vois-tu pas, disait Gustave, qu'avec un chien d'arrêt tu manqueras ta chasse ?

— Pourquoi cela ?

— Parce qu'un chien d'arrêt arrête, et qu'un

chien courant court. Or, le gibier qui court n'est pas pris par le chien qui arrête.

— Ta, ta, ta, des histoires ! Chiens d'arrêt et chiens courants sont chiens de chasse. Donc, avec les uns et les autres, je puis chasser.

— Oui, tu peux chasser, mais...

— Il n'y a pas de mais. Tu m'ennuies. Tu verras.

A la tombée de la nuit, le père Courbet, qui avait battu inutilement la contrée, s'en revint bredouille. Son fils, narquois, l'attendait sur le pas de porte. Vous devinez l'accueil qu'il lui fit. Il abreuva le vieillard de railleries plus amères que chicotin, et le perça d'épigrammes horriblement acérées.

Allait-il, pour sa part, donner des preuves d'un meilleur jugement ?

Voici le moyen imaginé par lui pour prendre la truite : il recourba, un jour, en forme d'hameçon, un vieux clou ; il y fixa un ver de terre et alla, en plein midi, s'installer sur le bord de la Loue.

— Vous savez bien, lui disions-nous, comment l'on pêche la truite. Votre instrument laissera le poisson dans une douce sécurité. Il faudrait une amorce vivante. L'heure doit être choisie. Votre clou est à remplacer.

— Qu'est-ce que vous dites là ? N'y a-t-il pas d'exemple de gens qui ont pêché avec un clou ?

— Oui.

— Eh bien ! alors, je pêche.

— Pêchez. Vous ne prendrez rien.

— Allons donc ! Vous plaisantez.

Vers le soir, Courbet, qui avait regardé pendant de longues heures danser son bouchon sur l'eau, — il avait mis un bouchon ! s'en revenait les mains vides.

Cela ne l'empêcha pas, pendant le dîner, de plaisanter son père qui allait à la chasse au chien courant avec un chien d'arrêt.

Un détail comique : le père aimait à conseiller le fils lorsqu'il travaillait.

A pas de loup, il s'avançait derrière lui et il regardait. Ses yeux allaient de la toile au paysage ; du paysage, à la toile : son front s'obscurcissait ; sa lèvre s'allongeait, jusqu'au moment où l'indignation éclatant, il interpellait le peintre.

— Tu peux te vanter de savoir dessiner ! Ah, oui, tu peux t'en vanter ! Vois donc ça. C'est un rocher ? Et ça. C'est un arbre ? Tu devrais être honteux. Ton gazon est absurde. Mes bœufs n'en voudraient certainement pas. Quant à ton eau, pourquoi en parler ? Ça ne ressemble à rien.

Tes cailloux n'ont pas le sens commun. Ton ciel est comme un parapluie...

Courbet, que ces observations exaspéraient, avait déposé lentement sa palette et vidé sa pipe. Puis, peu à peu, il s'était retourné. La barbe en pointe et la face blême, le col tendu, il regardait fixement le critique.

Celui-ci continuait :

— A ta place, sais-tu ce que je ferais? Je prendrais un peu de ce vert et je le mettrais là. Tiens, là, sur ce bouquet de coudriers. Ce serait magnifique. Tu ne m'entends pas? Prends donc un peu de ce vert, te dis-je, et mets-le là, là, sur le bouquet de coudriers...

— Nom de Dieu! hurlait le réaliste, veux-tu me foutre la paix?...

Et il ramassait tous ses bibelots, fermait sa boîte, enlevait le pliant, et disparaissait en sacrant à tous les échos.

Voilà pourquoi, lorsqu'il voulait peindre, il s'enfuyait bien loin, dans le *fin fond* de la forêt. S'il lui fallait rester à l'atelier, il s'enfermait.

— Pan! Pan! Gustave, es-tu là? criait quelquefois le père qui frappait.

— Zut! papa, répondait le fils ; Gustave n'est pas là.

Une loi pour lui était lettre morte. — Avant la fin de l'empire, il se mit dans la cervelle de construire un atelier sur un champ communal à Ornans.

Si on l'avait laissé agir, dès la première heure, sans plus de façon, il aurait fait venir des ouvriers.

Cependant il fallait compter avec la municipalité qui refusait : c'est ce que ne pouvait comprendre Courbet.

A toute observation, il répondait : Je connais quelqu'un d'influent au ministère.

Vainement on lui démontrait que ce quelqu'un d'influent était désarmé dans une pareille affaire. L'empereur s'en serait-il mêlé, il n'y aurait rien eu de fait. Le corps législatif, seul, pouvait intervenir par une loi : mais, allez donc de demander une loi pour une question d'atelier !... C'était absurde.

— Qu'importe, répliquait-il toujours, je connais quelqu'un d'influent au ministère. J'agirai.

Pendant longtemps, il ne démordit pas de cette prétention, et il s'en prit à ses meilleurs amis des résistances qu'il rencontrait.

Depuis, sur le même champ, les curés, plus habiles, ont construit l'église de Notre-Dame-du-Chêne. Courbet a pu y voir faire des miracles.

De l'entêtement, à la manie de l'invention. Il n'y a qu'un pas. — C'est Courbet qui a découvert la voiture à une roue.

C'était là le chef-d'œuvre.

Toutes ses toiles réunies : la *Remise aux chevreuils*, les *Demoiselles de la Seine*, les *Deux amies*, n'étaient rien au prix de cette machine.

Pendant trois années il y travailla..

Élégance, rapidité, solidité, rien ne devait manquer au véhicule.

— Qu'y aurait-il de plus gracieux, s'écria-t-il dans un de ses rares moments de lyrisme, qu'y aurait-il de plus gracieux que de voir nos jeunes Parisiennes remontant l'avenue des Champs-Élysées, en voiture à une roue !

Il en était malade. Ses idées évoluaient autour de cette unique roue, devenue à ses yeux celle de la Fortune classique. Du coup, il allait tout droit à l'immortalité. Plus tard on n'eût plus parlé du peintre ; en eût admiré le carrossier.

Son père, mortifié de ne pouvoir le conseiller en peinture, ne perdit pas l'occasion de lui venir en aide pour la mécanique. Il s'attela pour son propre compte à l'invention.

Tout fut fini vers le milieu de 1872. L'on projeta un essai. Le peuple d'Ornans fut convoqué.

Quel jour pour le réaliste! Radieux, dès le matin, il courait chez les amis, leur expliquait l'*affaire*, et comme il trouvait des incrédules, cherchait à démontrer que cela marcherait.

— Au surplus, venez, ajouta-t-il...

Les amis vinrent, et... virent.

A peine lancé, le véhicule tomba, et se brisa. Cette chute et celle de la colonne sont les deux grandes douleurs de Courbet. Pour le père, il ne renonça pas à l'idée; il fit faire à son usage une seconde édition de l'œuvre.

Elle se trouve en ce moment à Saint-Loup.

Peut-être un de ces jours entreprendra-t-il une nouvelle expérience.

Dans ce cas, bonne chance, père Courbet !

IV

HISTOIRE DE CHANTAGE

— « Je vous aime et je veux être à vous. L'homme de génie ne peut repousser la plus sincère de ses admiratrices. J'ai eu de grands malheurs dans ma vie. J'ai été trompée, calomniée, persécutée. J'étais dégoûtée de tout, et prête à mourir, lorsque je vous ai vu. — Ne cherchez pas à savoir qui je suis.

« Je vous ai rencontré souvent, mais vous ne me connaissez pas. Vous ne me connaîtrez même jamais.

« Je ne veux que vous écrire. Malgré toutes mes infortunes, je vous offre un cœur chaste encore et une *virginité d'âme*... Je vous envoie, sans honte, un aveu que vous saurez accueillir. Recevez seulement mes lettres, et répondez-y quelquefois... »

Il y en avait quatre pages comme cela.

Le papier était fin, soyeux, et l'enveloppe sentait bon : — le parfum de la femme est une façon de caresse à distance qui ne manque jamais son effet.

Courbet, rouge comme une pivoine, se grattait l'occiput. Il cherchait en vain dans sa mémoire les traits de cette amie, belle sans doute, jeune certainenement, qui venait lui offrir un cœur chaste et une virginité d'âme.

Il lut cette déclaration hystérique à deux ou trois de ses amis. Qu'en fallait-il penser ?

— Vous avez affaire à une intrigante. Méfiez-vous. Ne répondez pas.

— Pardieu ! vous avez raison, dit le peintre. La chose en restera là. Et puis, comme c'est amusant d'écrire ! La petite peut attendre le courrier. Il ne lui apportera pas beaucoup de consolations.

On fit venir une autre canette et l'incident fut oublié.

Trois mois se passent.

On remarque, un jour, que l'humeur de Courbet est changée. Il est triste. Il est morose. Il pousse de profonds soupirs, interrompus par quelques imprécations à l'adresse d'un être imaginaire ou absent. — On l'interroge et on le confesse.

Le billet doux était bien arrivé à son adresse : non-seulement, lui, qui avait horreur de la plume, avait répondu, mais encore il avait écrit soixante-deux lettres en quatre-vingt-dix jours.

Ces longues tartines de prose, il s'agissait maintenant de les recouvrer.

La bien-aimée, d'abord séraphique dans ses

confidences, finit par demander quelques secours. — Oncques on ne vit une virginité d'âme escomptée à un si haut prix !

Non contente de faire ainsi des emprunts à son cher Gustave, elle lui demanda son aide pour une affaire du plus haut intérêt.

Elle avait connu beaucoup de monde, affirmait-elle ; un hasard qu'elle qualifiait de providentiel lui avait fait tomber un manuscrit entre les mains ; ce manuscrit, composé par un homme de génie, — on n'a jamais su lequel, — était sa propriété ; si un éditeur voulait l'acheter, il ferait une bonne affaire commerciale, et, par surcroît, rendrait à sa virginité d'âme le service le plus signalé.

Courbet devait avoir des éditeurs à sa dévotion. Il voudrait bien sans doute lui envoyer un mot pour l'un d'eux. Le livre serait certainement accepté.

Courbet, bon comme un enfant, et bête comme

un amoureux, expédia ses instructions à ce singulier placier en manuscrits.

Il fallait voir X***, son ami, lui remettre l'œuvre en question, et lui demander trois mille francs.

X*** s'exécuterait, tout de suite, avec de bon argent mignon.

Il ne pensait plus à cela, lorsqu'il reçut de son *amie* une lettre étrange où on lui réclamait « les trois mille francs qu'il s'était engagé à lui payer pour un manuscrit qu'elle lui avait livré, et qu'il devait faire imprimer ! »

S'il ne payait pas sur le champ, il pourrait relire, un jour ou l'autre, dans un journal, une ou plusieurs des soixante-deux lettres qu'elle possédait.

Voilà pourquoi Courbet était morose et triste, et pourquoi il adressait des invectives à un être absent.

Pour un autre homme la difficulté eût été tranchée par cette ignoble demande.

Il n'y avait plus qu'à recommander cette femme aux bons soins du parquet.

Malheureusement Courbet, qui avait la prétention d'être malin, voulut tout arranger. Le moyen était des plus simples, d'ailleurs. Il en usa sans hésiter.

Il fit venir à Ornans sa correspondante !

C'était une petite personne à la figure plate, à la tournure gauche, sans charmes, mais très-adroite. Comme elle l'avait dit, elle devait connaître beaucoup de monde.

Elle s'était créé une industrie spéciale dans laquelle elle excellait. Elle était, de son état, *rouleuse d'hommes en vogue*. — Ses procédés ne variaient guère, en somme, mais elle les diversifiait à l'infini. Généralement elle était amoureuse de la célébrité à exploiter.

Elle commençait l'attaque par une déclara-

ELLE ETAIT DE SON ETAT
ROULEUSE D_HOMMES EN_VOGUE

Imp A. Salmon

sion à brûle-pourpoint ; puis, une certaine nymphomanie aidant, elle continuait par les exercices du plus grand effet. Depuis la crise de nerfs, jusqu'à la contemplation extatique d'Héloïse devant Abélard, après la lettre, tout lui était bon. La scène de jalousie était un de ses plus brillants succès.

Elle était capable de pousser son rôle jusqu'au dénoûment intime des comédies jouées en neuf mois, avec des serviettes graduées autour de la taille, les pâles couleurs de circonstance, et des envies, — des envies de monnaie, surtout.

Le pauvre peintre ne savait comment s'en débarrasser.

Lui que cette sorte d'affection plongeait, chaque fois, dans l'attitude d'un boa que la digestion épuise, que pouvait-il contre une semblable gaillarde ?

La demoiselle de la Seine ne le quittait jamais. Lorsqu'il se trouvait chez quelque ami, il n'avait qu'à soulever le rideau et à regarder dans la rue pour la voir passer. Elle montait sa garde, déterminée à le saisir lorsqu'il sortirait.

Au dernier quartier de cette lune de miel, madame qui se disait Corse, et avait été élevée en Espagne, annonça au réaliste la prochaine visite d'un Brésilien, — son ami d'enfance.

Le Brésillien en question était un homme très-bien, peu bronzé, aux manières caractéristiques.

Il s'établit dans le même hôtel que son *amie*. Les deux chambres étaient contigües. Les fenêtres donnaient sur le pont. L'installation ne laissait rien à désirer.

La cuisine lui allait, et puis c'était Courbet qui payait.

Quels doux instants pour cet échappé du bal Émile! Traité comme un seigneur, il endurai

L'AMI DE LA ROULEUSE.

Imp. A. Salmon.

patiemment que le chapeau haut de forme meurtrit les gibbosités fantasques d'un crâne où s'épanouissait, hier, le moelleux édifice d'une casquette à plusieurs étages et à grenier.

Des trois mille livres il n'était plus question.

Les soixante-deux lettres ne revenaient pas à leur expéditeur.

La situation menaçait de s'éterniser, toujours agréable pour le Brésilien, qui trouvait le peintre bon enfant, et voulait en faire un *copain*.

Certain soir cependant, Courbet, le noctambule, s'en fut prendre l'air sur le pont.

Il leva les yeux jusqu'aux fenêtres de l'hôtel, et remarqua un va-et-vient de lumières, accompagné d'un va-et-vient de silhouettes, qui confirma ses soupçons. Il ne crut pas nécessaire de monter...

Ses amis prirent soin de lui. Ils avertirent le commissaire.

L'amoureuse et le Brésilien furent expédiés à Besançon, — vieille ville espagnole, où l'Inquisition a laissé quelques cachots.

Pour le réaliste, depuis ce moment-là, il déclarait hautement qu'il était blasé.

Après plusieurs mois de prison, la belle et son Lantier revinrent à Paris.

Ils ouvrirent aux Champs-Élysées un magasin spécial de fournitures amoureuses, où la mère pouvait conduire son enfant, moyennant une bonne rétribution extorquée à quelques vieux roués. La justice découvrit tout. Elle ferma la boutique qui se trouvait alors faire de splendides opérations.

Pour les fondateurs, ils prirent leur retraite dans un bagne, où ils sont, paraît-il, encore enfermés,

V

LE PEINTRE

Nous étions à la brasserie du père Fessler à Besançon. — Il est mort, lui aussi, le pauvre père Fessler ! — Nous buvions une fraîche canette de bière de mars, en fumant de longues pipes.

Courbet, ce jour-là, n'était pas de bonne humeur.

Il avait commencé la soirée par quelques-unes de ces boutades qui, brusquement, sans raison, vous tombaient en pleine poitrine, comme le coup de pied d'un mulet.

Cela nous suffisait. Nous avions compris tout de suite.

Il lui manquait quelque chose : — son couteau flexible, une de ses toiles, et ses couleurs. Il était en veine. Or, son atelier était à Ornans ; lui se trouvait à six lieues de là dans une taverne ; son bonheur eût été de travailler, — et il ne le pouvait.

La conversation, négligeant désormais de s'adresser à lui, continua de plus belle entre ses compagnons. Du coin de l'œil, cependant, on l'observait.

Après avoir longtemps rêvé, on le vit soudainement allonger le bras. Il approcha son poing de la canette, et l'y plongea tout entier. — Il était huit heures environ. Le garçon de salle venait d'allumer les becs de gaz. Beaucoup de buveurs avaient vidé leur pipe pour s'en aller dîner. Les nuages de fumée se dissipaient. — Courbet, retirant son poing humide de bière, releva le coude, donna une raideur convenable à son index, et sur la table de chêne, bien propre, bien sèche, il se mit à dessiner.

En deux tours de doigt il eut fabriqué un éléphant.

En trois tours de main il eut esquissé une vallée.

Puis, une rivière : puis, des rochers broussailleux ; puis, un édifice bizarre dont le caractère nous échappa grâce à l'évaporation.

Il couvrait d'arabesques la surface de la table, commençant par un bout, finissant par l'autre.

Lorsque le chef-d'œuvre s'était dissipé en vapeurs, il recommençait.

Il eût demeuré la nuit, plongé dans ce travail, si on ne lui eut rappelé qu'une saucisse de montagne, au cumin, toute chaude, nous attendait.

Une autre fois, c'était à Maisières.

Vers la moitié du repas, Courbet, qui était

demeuré taciturne, plia sa serviette et s'en alla. On ne s'occupa guère de lui jusqu'au dessert.

Il faisait une de ces soirés lourdes d'octobre, où jetant veste et gilet, le seul bonheur est d'aller prendre l'air, en bras de chemise, sur le pas de la porte.

Nous fûmes au jardin.

Le peintre, toujours avec sa pipe, était appuyé contre un chêne. Les yeux larges ouverts et fixes, il regardait.

Le soleil venait de se coucher. Le paysage était couvert de teintes sombres. On eût dit un immense fusain. — Une symphonie dans le noir. en réponse à Gautier.

Courbet étudiant la transformation des choses, sous l'action de la lumière qui s'éteint, recueillait des observations nouvelles pour des tableaux nouveaux.

Nous nous approchâmes.

Il prit d'abord la parole pour nous faire remarquer combien était pure et vibrante la voix des *bos* qui coassaient auprès de la rivière.

Ensuite, il aborda son sujet favori : il s'étendit longuement sur la question des couleurs.

Il nous désigna un petit nuage qui, plus noir, tranchait sur la masse des autres. De ce nuage il nous fit considérer les bords, et de minute en minute, il nous décrivit en termes admirables les tons divers par lesquels ils passaient, avant de se confondre avec les brouillards environnants.

De même, pour les autres objets.

Il en montrait un au hasard : un arbre, une vieille maison, et, en un court instant, il nous faisait assister à des métamorphoses multiples que notre pauvre cervelle eût été bien en peine d'imaginer.

Qelques gouttes de pluie tombèrent.
Nous rentrâmes, et il nous dit ;

— Vous savez maintenant pourquoi j'ai voulu tuer ce vil idéal.

Nous notons ces deux traits, bien futiles en apparence. Ceux qui savent réfléchir y trouveront peut-être des signes de l'amour qu'il portait à son art.

En effet, bien qu'il dédaignât les artistes, qui donc a plus aimé l'art que lui ?

Il eut un fils qui mourut à vingt ans. Ce fils adultérin, aux termes de la loi, ne pouvait être légitimé. *Is pater est...* Vous connaissez le reste, gens mariés. Dans l'impossibilité de lui donner son nom, il voulut lui léguer son génie.

Il lui apprit à peindre.

Le jeune homme travailla tant, qu'un jour le père, enthousiasmé, dit à ses amis :

— Je n'ai plus rien à lui enseigner.

Selon le docteur Colin, artiste de talent à

ses heures perdues, ce fils eût été un écrivain distingué. C'est là une erreur.

Ecrivain ! Son père l'aurait presque renié. Il lui aurait fallu le lire ! — Paysagiste, cela valait bien mieux.

Les néo-classiques croient encore aux prédestinations géniales. Pour eux on naît encore poëte. Ils ont tort.

On ne naît pas poëte : on sent, on vit, on travaille, — et on le devient.

De même pour la peinture.

Courbet affectait de mépriser le dessin. De fait, personne ne s'en est plus préoccupé.

Il racontait qu'un tableau de Rembrandt, au Louvre, lui avait causé bien des tracas. Il le copia et le recopia souvent, ne parvenant pas d'abord à en rendre la parfaite correction. Une telle difficulté ne le découragea point.
Mécontent, il recommençait.

— Cela a été dur, disait-il: mais, j'ai réussi. J'ai fait aussi bien que Rembrandt.

Il le pensait, et c'était vrai.

Son respect pour la nature allait jusqu'à l'adoration.

Ce réalisme sur lequel des confrères jaloux ont tant craché, violent et paradoxal quelquefois, était dans certains cas plein de délicatesse.

A son lit de mort, des amis lui envoyèrent une corbeille de fruits. — C'était la terrible saison pour les habitants de la Suisse. De la neige en tas dans les rues, et du vent toujours dans la cheminée. Ces fruits, conservés précieusement par une ménagère prévoyante, tirèrent des larmes à Courbet.

Désormais, c'était là tout ce qu'il devait voir de cette bonne nature qu'il avait tant aimée.

Il les prit en tremblant dans ses mains. Il les regarda longuement, sans oser y goûter.

En ce moment même on lui annonça la visite de plusieurs jeunes filles et de leur mère. Il les reçut le sourire sur les lèvres. Les jeunes filles étaient belles. Le peintre songeant qu'il fallait mourir, fut attendri. — Après les arbres, après les rochers, la femme n'avait-elle pas été tout pour lui ?

Pourquoi ne pouvait-il plus peindre ? Il aurait fait ses derniers portraits.

Peu de jours auparavant, on lui avait pratiqué une ponction. Il lui fallait demeurer couché.

Lorsque ces femmes le quittèrent, il les rappela.

Il voulait leur faire ses adieux ; et comme ses yeux cherchaient, sur les murs, quelque tableau absent qu'il eût voulu leur offrir, il se ravisa. Il avait à côté de lui quelque chose de plus précieux...

Il distribua les fruits aux jeunes filles...

VI

LE RÉALISTE

Une autre de ses manies était de se trouver le profil assyrien.

Vu de face, à vrai dire, il ressemblait au frère Gorenflot.

Cependant, comme il le disait, son profil avait quelque chose d'étrange qui arrêtait le regard et inquiétait.

Nous voyons toujours ce nez fin et long, plongeant dans une barbe luxuriante.

Pour nous, il n'y avait là rien d'assyrien, au contraire.

Nous pensions, en le regardant, aux vieux portraits de François Ier.

Ce que nous disons semblera puéril à quelques-uns, néanmoins la physiognomonie a conservé des disciples, et c'est pour ces derniers que nous traçons ces lignes.

Henri Monnier ressemblait au grand gagneur de batailles, avec la couronne sur sa calvitie; Sardou a un faux air du premier consul; Pichon, l'orateur des clubs, est un Saint-Just — les écrouelles en moins, et la passion en plus; — regardé de côté, Courbet vous donnait l'impression d'un vieux tableau de Jean Clouet représentant le protecteur et l'ami de Marot.

Y avait-il quelque analogie dans le caractère de ces deux hommes? Oui, certainement. Toutefois, il y avait de grandes différences, et c'est ce que nous tenions à signaler. — Tout est bon à écrire, et quand un grand homme meurt, il y a un nouveau chapitre à ajouter au livre de Lavater.

Bien fol est qui se fie toutefois à la tête d'un homme, — cette enseigne qui peut mentir et qui ment souvent, en effet.

Le peintre n'avait rien de la futilité du monarque, et il se faisait de l'art une autre idée.
— Qu'étaient les anges pour lui? des gosses avec des ailes. Qu'eût pensé de cela le raffiné du trône de France?

Le réaliste avait en horreur le détail apprêté, fignolé, précieux, que recherchent tant ses confrères.

La nature telle quelle, même mal lavée, voilà ce qu'il lui fallait.

Rien ne lui répugnait de la vérité, fût-ce même un défaut.

M. X.... un des conseillers généraux du Doubs, possédait, à un certain moment, une étable à Ornans. — Le paysagiste y vint un jour.

Dans tout le troupeau, un animal fixa son attention.

C'était un jeune veau, crotté jusqu'à l'échine, à l'œil rêveur, au mufle sale.

Cette bête plut à Courbet qui voulut la peindre.

— Je viendrai demain chez vous, dit-il à M. X..., J'apporterai une toile et mes couleurs. Nous ferons poser le *petit* de la vache. Il me va, cet *enfant*...

Et, en effet, il revint le lendemain matin.

Mais alors quel désenchantement!

La main coquette d'une jeune fille avait passé par là et avait tout gâté.

Que s'était-on dit dans la famille de M. X...?

— M. Courbet va peindre notre veau; il faut faire sa toilette. C'est un honneur pour lui qui veut que l'on se mette en frais.

Et vite les baquets pleins d'eau de ruisseler dans l'étable. La brosse de chiendent entra en fonction. On prit le malheureux et on le frotta

ÇA C'EST UN VEAU !...

Imp. A. Salmon.

de savon depuis les naseaux jusqu'à l'extrémité de la queue.

La toute gracieuse Mme X*** aurait insisté pour qu'on lui attachât des faveurs roses aux oreilles.

Bref, on fit un animal mignon, de bonne cour, de Wateau, qui jeta Courbet dans la plus grande colère.

Il y eut une scène digne de l'acteur Dailly, dans *l'Assommoir*.

— Ça, c'est un pain !...

— Ça, c'est un veau ! hurlait le peintre. Ça, c'est un veau ! Vous vous moquez de moi.

Et il ferma sa boîte de couleurs en maugréant.

Il fit enlever son chevalet et s'en alla.

Le malheur, décidément, s'attachait à ses

pas. Il n'était plus possible de rien faire. — Un jour, on découvre un veau, et le lendemain, on retrouve un joujou. C'était insupportable et décourageant.

Ce veau lui resta *sur le cœur* pendant de longues années. Il faillit le brouiller avec M. X***.

La fantaisie entre toujours pour quelque chose dans l'enthousiasme. Le meilleur ménage est celui que contracte le sublime avec le grotesque. Le réalisme naïf et convaincu de Courbet dépassait quelquefois le but.

Son tempérament humoristique nous porterait même à croire qu'il y mettait quelque malice.

C'est ici le lieu de raconter certain déjeuner... et sa contre-partie...

La Loue, rivière froide et poissonneuse, se traîne lentement au milieu des rochers. L'ombre y fait naître, grossir, et venir à point, la chair savoureuse des truites.

Un de ces poissons, nous ne savons trop comment, fut capturé par Courbet.

Il avait probablement renoncé pour cette occasion à son vieux clou et à son ver de terre.

C'était bien l'une des plus belles truites dont eût pu rêver le pourlécheur Monselet.

Nous la contemplons encore, à travers la brume du passé, mollement étendue sur la table de la cuisine, les yeux vitreux et la bouche béante.

Le peintre la regardait en silence, avec un sourire où se mêlaient une douce fierté, et une pitié profonde pour ses compagnons de pêche.

Il prit un couteau bien aiguisé.

Il en plongea la pointe, avec toutes sortes

de délicatesses, dans le ventre dodu et brillant de l'animal. Il y ouvrit une large incision.

O surprise! Dans l'estomac se trouvait une soufre, — une soufre longue comme le doigt, entière, à moitié digérée, que le poisson vorace, quelques heures, auparavant avait ensevelie d'une goulée.

Une fois dans le viscère, le suc gastrique s'était mis à travailler. La soufre morte, se ramollissant peu à peu, allait tourner à la bouillie, lorsqu'un réaliste, d'aventure, s'était trouvé là pour l'exhumer.

Courbet, prétendant que tout est bon dans la nature, et qu'un plat à moitié digéré n'en serait que plus léger, ordonna de faire frire, et la truite et la soufre décomposée.

Il mangea cette dernière avec délices.

Nous devons toucher maintenant à une matière délicate. Armé des gants du bon Rabelais, c'est-à-dire les mains nues, nous tenterons l'entreprise.

Que le lecteur se le tienne pour dit, — lui qui veut être respecté.

Le docteur Nélaton se vantait d'avoir un instrument si habile qu'il en était presque caressant. — Il n'y parut guère à Courbet lorsqu'il lui écrasa ses hémorrhoïdes. Toutefois, le peintre guérit, — ou à peu près.

Désormais, trois quarts d'heure lui suffisaient.

Trois quarts d'heure! Un siècle perdu pour l'homme travailleur. Un siècle sans boire! Un siècle sans parler! Un siècle sans observer! Un siècle sans peindre!...

Si du moins, pour abréger cette longue attente, il eût pu, la porte ouverte, contempler cette splendide vallée pleine de feuilles et de rayons que ses regards analystes ne se lassaient jamais d'admirer ! — Ce n'eût été qu'un demi-mal. Il eût pris patience. Il aurait oublié... malheureusement, cela ne se pouvait.

En ce temps-là, un de ses vieux amis lui avait donné l'hospitalité.

Dans la petite villa, le cabinet sagement dissimulé par un rideau de sapins, récélait dans ses flancs, plusieurs fois par jour, le paysagiste le plus remuant, le plus actif, et le plus impatient sur lequel jamais cabinet bourgeois se fût refermé.

Cela ne pouvait se prolonger. — Courbet finit par éclater.

Nous nous promenions dans le jardin, ce jour-là, avec le fils de la maison.

A un certain moment nous entendîmes un long bruit de scie dans un bosquet.

Cette étrange harmonie, partant d'un

pareil lieu, nous surprit. Nous hâtâmes le pas ; nous franchîmes les sentiers ; nous écartâmes les branches, — et que vîmes-nous ? — Le réaliste en train de faire tomber le rideau de jeunes sapins.

Les manches retroussées, le torse incliné, l'œil en feu, il sciait...

— Maître, que faites-vous-là, criait notre compagnon, un jeune peintre récemment médaillé.

— Tu le vois bien. Je scie des sapins.

— Avez-vous la permission de mon père.

— Non. Je m'en passe.

— Pourquoi détruire ses arbres ?

— Pourquoi ? Pourquoi ? Tu me le demandes ! Tiens, tu n'es pas mon élève. Je veux pouvoir, quand je suis là dedans, *travailler*, la porte ouverte.

Je ne serai jamais de ces gens vils qui se résignent à demeurer une heure entière dans un cabanon pareil, entre des toiles d'araignée, au milieu d'un air infect, les bras croisés, et les yeux perdus, — *sans voir la nature!*

A partir de ce moment-là il put *voir la nature*, et, en même temps, *travailler*...

VII

INTER POCULA... SURSUM CORDA!

Faire jambes de vin, — bien boire pour bien marcher, — voilà le programme des bonnes gens qui veulent fournir longue carrière.

Faire jambes de vin fut la devise de Courbet. — Il buvait sec, et il produisait beaucoup.

Son voyage à Munich fut pour lui l'occasion d'un double triomphe.

Sa peinture enleva tous les suffrages. Sa chope victorieuse eut raison de tous les buveurs.

Il avait une manière à lui de raconter ce voyage. Son amour-propre était tellement flatté de ses succès de brasserie qu'il en oubliait par fois ses succès de chevalet.

L'eût-on poussé un peu, il en serait venu à faire beaucoup plus de cas de ses capacités bachiques que de son génie dans les arts.

Voici le récit de son séjour en Bavière :

« — J'arrive à Munich, disait-il...

« Une ville assez bien. Des femmes avec de
« vrais tétons. Toutes grasses, toutes friandes,
« toutes blondes. Des brasseries partout. Le
« tabac à bon marché. — Malheureusement,
« beaucoup d'artistes.

« La première question que l'on me pose est
« celle-ci :

« — Apportez-vous des tableaux ?

« Je réponds :

« — J'apporte une grande soif. Allons
« prendre une chope.

« Nous voilà dans une salle fumeuse où un
« tas d'indigènes faisaient leurs dévotions à
« sainte Canette.

« On me dit:

« — Vous voulez une chope; buvez. Nos
« vases ne ressemblent pas aux vôtres. Ce ne
« sont pas de petits dés de femme où l'on hume
« à grande peine une goutte de liquide. Notre
« bock vaut un tonneau.

« Je bois une chope, deux chopes, trois
« chopes, — et comme les autres se levaient
« pour sortir, je les retiens.

« — Il n'est pas tard, leur dis-je, nous avons
« encore le temps de boire une chope.

« — Oh! oh! s'écrient-ils, nous voyons
« que vous prenez goût à notre bière. Qu'il
« en soit comme vous l'avez désiré. Avalons
« une chope.

« Je bois une chope, deux chopes, trois

« chopes. Mes bonshommes se mettent à par-
« ler peinture, et me proposent de venir, avec
« eux, chez un fameux peintre dont j'ai oublié
« le nom. Je verrais chez lui des paysages
« étonnants, admirables.

« — Je ne veux pas voir des paysages
« étonnants, admirables, leur répondis-je.
« J'en fais. J'aime mieux vider une chope.

« — Oh ! oh ! clapirent mes Bavarois, vous
« voulez nous narguer. Vous êtes sans doute
« bon buveur, mais vous vous griserez.

« — Parions que je ne me grise pas !

« — Parions que vous roulez sous la table !

« — Gretchen, des chopes !...

« Nous bûmes pendant une grande partie
« de la nuit.

« De quart d'heure en quart d'heure, un
« Bavarois s'affalait sur le parquet. — On

« le transportait en face, sur le cours, où
« la municipalité, apprenant cette grande
« lutte, avait fait dresser à la hâte, une am-
« bulance. — Après les peintres qui m'avaient
« amené à la taverne, ce fut le tour des ama-
« teurs.

« Cent cinquante étudiants en droit, deux
« cents étudiants en médecine, soixante-neuf
« étudiants en théologie, deux mille brasseurs,
« cinq cents marchands de porc salé, trois
« cents fabricants de choucroute, quatre-
« vingt-deux vétérinaires, cinquante pasteurs,
« dix-huit mille rentiers demeurèrent sur le
« carreau. — Je dois rendre hommage à la
« solide valeur des pasteurs et des étudiants en
« théologie. Ils firent preuve dans ce péril
« d'une habileté et d'une science qui leur as-
« surent une haute fortune dans les ordres.
« A une heure je me levai.

« Je cherchai, en vain, dans la salle, sur la
« place, dans les rues, dans les maisons, dans
« les catacombes, partout, quelqu'un qui fût

« capable encore de trinquer avec moi, pour
« le coup de l'étrier. — Personne.

« Les femmes s'étaient enfuies avec les en-
« fants.

« Les hommes gisaient sur le champ de
« bataille.

« Je rentrai dans mon hôtel, — et comme
« j'avais soif, — je dégustai une des bouteilles
« de vin de Salins que j'avais eu la prudence
« de mettre dans ma malle, de peur qu'à Mu-
« nich il n'y eût pas de cabarets.

« Le lendemain matin, je fus réveillé par
« de grande clameurs. C'était la foule ras-
« semblée sous ma fenêtre qui criait : Vive
« Courbet ! vive le sublime buveur ! Je passai
« mon pantalon. Je remerciai le peuple avec
« cette éloquence particulière que vous me
« connaissez.

« On me jeta des couronnes. On me bom-

« barda de bouquets. Les amis de la veille dé-
« grisés, mais ayant la pituite, me proposèrent
« de descendre, pour me porter en triomphe.
« J'ai toujours été modeste. Je refusai.

« Lorsque je quittai Munich, il y avait
« quatre cent vingt-deux académies réalistes
« de fondées. »

Boire est une manie bien excusable chez les hommes d'imagination.

Lorsque le cerveau aride se refuse à toute production, il suffit de l'arroser de vieux vin pour y faire sourdre l'idée.

Les moralistes ne l'entendent pas ainsi. Les moralistes sont des imbéciles.

L'essentiel est de ne pas dépasser la mesure. — Malheureusement, il est inutile de le cacher, Courbet la dépassa.

Aussitôt mis en liberté, il voulut revoir le

pays. Avant que d'aller à Ornans, il s'arrêta quelques jours à Besançon.

Les douleurs du siège et les ennuis de la captivité avaient blanchi ses cheveux, obscurci son visage.

La jovialité des anciens jours lui revenait bien, peu à peu, mais péniblement, comme si le souvenir de choses trop récentes la comprimait.

Le soir même de son arrivée, des amis le conduisirent au *Cercle des canotiers*.

A Besançon, ainsi qu'ailleurs, il y a des canotiers.

Cette corporation innocente, née de l'anglomanie, compte aujourd'hui des représentants dans le monde entier.

Les canotiers de la Franche-Comté, région montagneuse où la périssoire n'a que faire, sont tous de gais compagnons, de charmants jeunes gens, plus soucieux de sabler de bon vin que de remuer une eau profonde.

L'un d'eux, cependant, se rendit ce jour-là, vis-à-vis du peintre, coupable d'un outrage qu'en ce moment il doit regretter.

Courbet venait de s'asseoir. Le garçon avait servi les bocks.

On allait trinquer à l'heureux retour du Franc-Comtois, lorsqu'un homme, membre du cercle, abandonnant le billard, où il faisait une partie, interpella l'ancien membre de la Commune.

— C'est vous, dit-il, qui avez renversé la colonne? C'est vous, Courbet?

— Oui, monsieur, Courbet, c'est moi.

— Eh bien! vous êtes indigne de boire parmi nous.

Il s'approcha de la table, prit le verre du peintre, et le brisa.

La colère s'empara de tout le monde. On allait faire un mauvais parti à l'insulteur.

Des gens calmes entrèrent, qui intervinrent

Le coupable fut immédiatement exclu du cercle. — Il sortit tout honteux, et depuis on n'en a plus entendu parler.

Dans l'avenue des Réservoirs, à Versailles, le vieux réaliste avait déjà été frappé à la face par l'ombrelle des filles publiques. Les gommeux avaient craché avec joie sur sa barbe grise. — Des enfants l'avaient couvert de boue. — Il était réservé à l'un de ses compatriotes de lui donner le dernier soufflet.

Que l'avenir soit plein de choses prospères pour ce valeureux épicier!...

L'aventure du 24 mai fit sortir Courbet de France.

Il s'en fut, pour son malheur, à la Tour-de-Peilz.

Le vote de l'Assemblée qui le condamnait à payer la colonne fut un véritable arrêt de proscription.

Ce décret, sous sa forme hypocrite, ne tendait rien moins qu'à le bannir à perpétuité.

Terrible pays pour un buveur que celui où il s'était réfugié ! Le terrain pierreux y produit un petit vin blanc qui décime la population.

Là, point de vieillards. Tous les hommes meurent empoisonnés. L'eau y fait défaut, et cela sert d'excuse aux Coupeaux de la vallée.

La chose en est venue au point de modifier la législation du canton.

Les veuves y sont si nombreuses, que, dans la série des réglements généraux, on a été contraint d'en créer qui leur sont particuliers. Tel est le *ban des veuves*.

Chaque année, à la suite d'une assemblée

des vignerons, on fixe le jour de l'ouverture des vendanges.

Un sentiment de louable solidarité préside à cet usage.

Aucun propriétaire, trop avide, ne prend ainsi les devants. Personne, par une récolte prématurée, ne vient influencer la vente du raisin. — Une seule exception est admise.

Les veuves sont autorisées à vendanger, selon leur bon plaisir, le jour qui leur convient.

L'avantage est double pour elles : leurs produits s'écoulent plus facilement ; leurs voisins peuvent leur venir en aide. — Lorsque le vigneron met la main sur son sécateur, la récolte des braves veuves est déjà vendue, ou déjà rentrée.

N'est-il pas juste que les prémices des vendanges d'aujourd'hui appartiennent aux femmes que les vendanges d'hier ont privé de mari ? — Un rieur ne verrait là qu'une prime à la consommation.

_ Nous y voyons une légitime indemnité.

C'est dans cette atroce contrée que se réfugia le pauvre Courbet.

Comme tout le monde, il lui fallut prendre sa part du vin du crû.

Un des tableaux qu'il fit, en ce moment, le représente même buvant dans une cave, selon la coutume.

Les consommateurs sont accroupis autour du tonneau. Un seul verre, toujours plein, circule à la ronde.

Il s'alcoolisa de plus en plus, — beaucoup par habitude, — un peu pour oublier.

Enfin, l'absinthe suisse vint le tenter. L'eau manquait. Il se mit à *faire* son apéritif avec du vin blanc...

Une cirrhose du foie l'emporta.

Un charlatan, qui l'avait fait venir à la Chaux-de-Fond, ne réussit, bien entendu, qu'à aggraver son mal.

Lorsque l'on voulut le transporter à la Tour, son hydropisie avait pris de tels développements que l'on dut réclamer un wagon spécial à la gare de Berne.

Peu après, il mourut.

C'est là une des mille et une manières selon lesquelles l'exil vous tue.

VIII

BATAILLES

Du bleu sur les lèvres, et des noirs sur la peau, sont deux choses qui plaisent au peuple.

La tache de vin et l'ecchymose signalent les plus forts et les plus vaillants.

D'où, de perpétuelles saouleries, compliquées de perpétuelles batailles.
Courbet était un véritable enfant du peuple. Il s'en vantait et il avait raison.

Le vin ne lui faisait pas peur; les coups lui convenaient moins. Une bonne rasade le tentait plus qu'un pugilat. Cependant, à l'occasion, il se battait.

Jamais caractère ne fut plus merveilleusement doué pour faire naître une querelle.

Sa modestie criarde, qui consistait à faire une apologie enthousiaste de ses œuvres et une critique impitoyable de celles d'autrui, lui aliénait sur-le-champ l'esprit de son auditeur. — Pour peu que celui-ci répondît, il était perdu.

Le peintre s'arrêtait brusquement dans son propre panégyrique.

Il concentrait sa colère dans un mutisme suspect surtout à ceux qui le connaissaient.

Il laissait causer son homme. Il l'écoutait, roulant de grands yeux malins et balançant lourdement, de gauche à droite, ses deux grosses épaules. Enfin, le trait partait.

Vif, cruel, empoisonné, il atteignait en plein cœur un pauvre diable qu'un silence prolongé avait désarmé.

L'épigramme était dans ses mains une véritable zagaie dont il se servait avec le plus grand art.

Il la décochait quelquefois si terrible que, pris au dépourvu, ne sachant que répondre, la victime n'avait plus qu'une ressource : se lever et frapper. — C'est ainsi qu'il reçut, une fois, de l'un de ses élèves, une bouteille sur la tête...

Certain jour, il eut fort à se repentir d'avoir trop parlé. Il se suscita une affaire des plus désagréables. Il y perdit un de ses plus chauds partisans. — Nous n'avons eu garde d'oublier cette histoire.

M*** est un riche amateur de tableaux.

Sa galerie contient un grand nombre de toiles dues au pinceau de Courbet. — On n'admire guère une œuvre sans ressentir en même temps quelque sympathie pour son auteur. — M*** et le réaliste devinrent deux amis.

Courbet se rendait souvent dans la petite ville de N... Il y recevait de l'amateur l'hospitalité la plus cordiale et la plus large.

Lorsqu'il fut mis en liberté, en 1872, une invitation de M*** lui fut faite à son retour en Franche-Comté. — Il partit pour N... accompagné d'un ancien député du Doubs, et de l'un de ses élèves.

On arriva juste au moment favorable pour dîner.

La table était mise. Le vin était tiré. L'appétit sollicitait les mâchoires des voyageurs. — Tout faisait présager une délicieuse soirée.

Malheureusement, un convive se trouvait de trop à ce festin.

Un capitaine garibaldien avait été invité aussi par M. M***.

Placé en face de Courbet, — grave, roide, méthodique, — il goûtait fort la cuisine, et se souciait très-peu du réalisme.

Évidemment, de prime abord, une hostilité sourde s'était déclarée entre ces deux hommes.

Pourquoi ?

Ce n'était pas pour des raisons politiques. Le garibaldien ne pouvait en vouloir à ancien membre de la Commune.

Ce n'était pas non plus pour des préférences artistiques que le guerrier ne songeait guère à afficher.

C'était plutôt une de ces antipathies soudaines, inexplicables, qui s'élèvent entre deux

individus inconnus l'un à l'autre, soudainement.

Le premier coup de dent donné, la première rasade bue, on s'essuya les lèvres pour causer.

Le garibaldien voulut faire connaître ses campagnes. — La chose était prévue. Chacun se fit une contenance. On parut prêter l'oreille.

Il s'était rudement battu pendant la guerre !

Si les Prussiens n'avaient pas tous été taillés en pièces, c'est qu'on n'avait pas suivi ses conseils.

Il avait été sur les bords de la Loire. Il avait fait la campagne de l'Est. A la bataille de Nuits, il s'était conduit en héros.

On lui devait la croix.

Il y aurait une injustice criante à la lui refuser.

On avait semé les faveurs sur un tas de propres à rien dont l'ennemi n'avait vu que le trou de balle, tandis que lui, cré nom ! cét ennemi, il l'avait toujours fait reculer.

Le *moi* est haïssable. Montaigne l'a proclamé.

Toutefois, le *moi* n'est jamais plus haï dans la bouche des autres que par les gens qui en ont eux-mêmes la gorge pleine.

Deux orgueilleux ne peuvent se regarder en face sans enrager.

Courbet souffrait d'entendre un homme se louer ainsi.

Ce n'était pas convenable, en vérité ! Une bonne leçon était nécessaire à une pareille fatuité.

Le capitaine continuait :

— Si la France avait eu beaucoup de gens de ma force, non-seulement nous ne serions pas vaincus, mais encore nous posséderions toute la rive gauche du Rhin. Bien peu de soldats ont fait leur devoir. Tous étaient démoralisés. Les généraux furent au-dessous de leur tâche. Quant à moi, je le dis bien haut, je n'ai rien à me reprocher. Au contraire. Mes chefs sont là pour l'attester. Je me suis comporté en brave, en vrai Français. Garibaldi qui m'estimait à un haut prix...

— Quoique vous fussiez sans valeur, murmura Courbet...

L'orateur s'arrêta court. Il blémit. Ne venait-on pas de l'insulter, et comme homme, et comme soldat?

Il n'avait aucun mérite, aucun courage, et on le lui disait!

D'un bond, il s'abattit sur le peintre.

La scène qui se passa alors se devine. La table était renversée. L'ancien député du Doubs avait roulé par terre. L'élève gisait sur lui. Courbet venait bon troisième. Sur le tout pesait le Garibaldien. Les coups de poing du capitaine pleuvaient impartialement sur les crânes qui se trouvaient à sa portée.

Le peintre poussait des rugissements de taureau entrecoupés de : *nom de Dieu!* sonores, et de ruades en l'air dont son ennemi se riait.

L'hôte s'arrachait les cheveux.

Les domestiques, désertant la cuisine, venaient regarder, et, par respect, s'abstenaient. Les plats jonchaient le parquet, et les bouteilles de vin brisées avaient créé un certain nombre de mares où les lutteurs se baignaient.

Enfin, la maîtresse de maison s'évanouissait.

Lorsque l'armistice fut signé, le député cyanosé se précipita vers la fenêtre pour aspirer un peu d'oxygène. Le poids des combattants avait failli l'étouffer.

L'élève releva respectueusement le maître.

Quant au garibaldien, il s'était éclipsé...

Remis de cette secousse, le peintre se tournant vers M*** :

— Monsieur, lui dit-il, ma visite est terminée. Demain dès le petit jour, je partirai. Je ne dois pas rester plus longtemps dans une maison où l'on a *tenté de m'assassiner*.

Il monta dans sa chambre.

Une mince cloison la séparait de l'appartement de son hôte.

Le lit de M *** et de madame*** se trouvait contre la muraille, de l'autre côté.

Toute la nuit la pauvre dame, qui ne put fermer l'œil, fut épouvantée par les vociférations d'un homme qui hurlait :

— Ce sont des misérables ! Des scélérats ! des spadassins !

Ce sont des agents de Meissonier !

Ils m'ont attiré dans un guet-apens pour me chouriner. Ils ont payé un Beni-Zoug-Zoug pour livrer ma tête aux Versaillais. Coquins ! Charognes ! Brigands ! Cochons !... Artistes !

Et, de quart d'heure en quart d'heure, la cloison tremblait et résonnait, sous l'énorme poing du grand homme furibond.

Depuis cette mésaventure, il ne parla plus à M*** *qui était la seule cause,* selon lui, *de tout ce qui était arrivé.*

Les luttes qu'il avait eues à soutenir pour défendre sa peinture et fonder son école avaient développé en lui cette humeur agressive qui lui procura tant de déboires.

Il n'en pouvait pas être autrement. L'homme que l'on attaque se défend. Or, la meilleure manière de se défendre est d'attaquer à son tour. — Il attaquait sans crainte, toujours et partout, un peu à tort et à travers, très-mal à propos quelquefois

Les habitudes de polémique influencent les novateurs, jusque dans leur vie privée.
Sans penser même à mal, ils se créent des ennemis. — On ne peut pas dire que ceux-ci lui aient manqué.

Il fallait à certains habitants d'Ornans une forte dose de patience pour ne pas en venir à quelque grave extrémité. Quant à lui, la bourrasque passée, il entrevoyait les périls auxquels il venait de s'exposer. — Il n'hésitait pas alors à se garer, usant d'une certaine prudence matoise, quoique un peu tardive, qui persistait toujours dans son vieux fonds de paysan civilisé.

La causticité de ses propos était redoutable. — On a essayé de le faire passer pour une bête, mais il est constant qu'il n'était pas Champenois, et les moutons mis en compte avec lui auraient donné au total, — un homme très-malin, et doué d'une verve empoisonnée.

Plus encore que sa parole, son pinceau insspirait de la crainte. Une anecdote peut en faire foi.

Dans certaine petite ville de... Suisse, — croyons-nous, — certain bedeau et certain curé courtisaient la même fille.

Il n'y a là rien dont doive rougir un bedeau ou un curé. Il est bon et il est saint de courtiser une fille. Il est meilleur encore de la posséder.

La demoiselle, comme les demoiselles du reste, présentait ce phénomène singulier, étrange, que la chair, chez elle, était d'autant plus faible que le tempérament était plus fort et plus ardent.

Elle se mit en tête de satisfaire à la fois ces deux coqs à plumes noires, — chacun d'eux bien entendu se regardant comme le seul favorisé.

Tout fut pour le mieux, dans la meilleure des églises, lorsqu'un malheur survint.
Le bedeau entrant un jour dans la sacristie surprit le prêtre en train de causer réalisme avec la jeune femme.

Grande colère du bonhomme qui empoigne une croix et tombe à bras raccourcis sur celui qu'à bon droit l'on peut considérer comme le sous-préfet du bon Dieu. — Le curé saisit une chaise. Le combat s'engage. Tout le mobilier de la fabrique est fracassé. — Au bout d'une demi-heure, ils se retirèrent l'échine rompue, les habits en morceaux, et le nez dans un plus piteux état que celui du divin maître, le jour de la bastonnade, sur le Golgotha. — Le bedeau pouvait considérer sa démission comme acceptée.

Quel fut l'homme le plus heureux de la terre lorsqu'on lui communiqua le compte rendu de cette comédie ! — Ce fut Courbet.

Il en faisait gorge chaude devant sa porte avec des amis, lorsque la sœur du curé se présenta à eux, tout en larmes.

Le peintre l'introduisit dans son atelier.

La brave femme, des sanglots dans la voix, venait, spontanément, prier le peintre de ne pas représenter sur la toile cette scène regrettable, où un malheureux prêtre se trouvait compromis, avec un pauvre diable de bedeau.

Courbet, flatté de cette démarche, voulut bien promettre ce qu'on lui demanda.

— Dans le fond, disait-il, je suis un bon garçon.

En conséquence, il n'en ferait point de tableau. Il en prenait l'engagement.

Il respecta sa parole. Si le bedeau et le curé y ont gagné quelque chose, le public certainement y a beaucoup perdu.

IX

BLAGUES

Dans le peintre, il y a toujours du rapin.

L'amour des scies d'atelier est une plante vivace qui pousse de si rameuses racines que pour en délivrer un artiste il faudrait à vrai dire, en même temps, lui arracher, le cœur.

Le triomphe du rapin, c'est la charge.

Nous dirons quelques-unes des bonnes mystifications de Courbet.

Ce que les persécutions ont plus de douloureux pour ceux qui les subissent, c'est qu'elles écartent momentanément les amis.

Le réaliste avait passé par cette épreuve.

Il ne garda rancune à aucun de ceux qui l'avaient quitté.

La seule vengeance, bien inoffensive, qu'il se permit, fut exercée contre un naïf bourgeois de Besançon qui avait été l'un de ses condisciples à Ornans.

L'embarras de ce pauvre M*** fut très-grand lorsque Courbet reparut en Franche-Comté.

Ses doctrines conservatrices, d'une part, lui défendaient de frayer avec le déboulonneur ; ses anciennes relations, de l'autre, lui commandaient d'aller serrer la main d'un vieux camarade.

Que faire dans une pareille alternative?

Aussi était-ce pitié que de voir ce malheureux, errant dans les rues de la ville, le front assombri par le remords, la démarche alourdie par la crainte.

Entrevoyait-il de loin le peintre?

Vite, il se précipitait dans une autre rue. Ou bien, il entrait dans la première maison ouverte, et s'y cachait dans les escaliers. Puis, il revenait au logis, bouleversé, haletant, près de tomber en défaillance.

Courbet qui avait tout compris, se donnait le malin plaisir d'aggraver encore ce supplice.

Il se mit à le *filer*.

Dans les derniers temps, M... ne pouvait plus entr'ouvrir sa porte, risquer un pied sur l'asphalte, sans apercevoir dans le lointain la large face de son ami, la pipe aux dents, qui ricanait.

De bonnes âmes obtinrent grâce.

On prépara une rencontre.

Les deux vieux copains furent, comme par hasard, placés à côté l'un de l'autre. M..., ne pouvant plus s'enfuir, dut s'excuser. Le communard voulut bien tout admettre.

Il ne fit point d'observations, point de reproches, et il accepta un déjeuner pour le lendemain.

Le menu fut excellent.

Lorsque l'on eut retiré la nappe et apporté les canettes, Courbet, qui connaissait la crédulité de son ami, pensa que l'heure du châtiment était venue.

— Mon vieux, dit-il, j'ai une excellente affaire à te proposer.

Puisque nous voilà redevenus intimes, il est juste que je t'indique un moyen nouveau et sûr de décupler tes revenus. Que penses-tu des actions de la *Compagnie de navigation souterraine* entre Besançon et Ornans?

— La *Compagnie de navigation souterraine*, qu'est-ce que cela! Tu veux blaguer.

— Point du tout. Je suis sérieux. Tu ne sais pas qu'il va s'ouvrir une ligne de bateaux mouches entre Besançon et Ornans?

— Tu est complétement saoûl, Gustave.

— Je ne suis pas saoûl. Ecoute-moi. — Entre les deux villes, il existe, tu le sais, le marais de Saune. Au-dessous du marais de Saune, il y a d'immenses carrières abandonnées.

Eh bien ! une compagnie vient d'acquérir ces carrières, et d'obtenir le droit de dessécher le marais. En un instant le canal sera créé.

On fera un petit trou à la croûte de terre, et crac ! l'eau se précipite dans un nouveau lit.

Ce n'est pas tout.

Comme les galeries, sans solution de continuité, vont d'Ornans à Besançon, on lance des bateaux sur l'eau, et voilà une nouvelle voie de communication entre les deux cités. — Comprends-tu ?

M... comprenait, mais il se refusait à croire à la possibilité d'une pareille entreprise. —

Courbet lui fournit de si belles raisons qu'il finit par être convaincu.

Bien mieux que cela, l'enthousiasme le prit.

Il se leva, courut vers son secrétaire, et tendant un billet de cinq cents francs au peintre, il s'écria :

— Magnifique ! splendide ! voilà le vrai progrès. Tu m'as dit que tu connaissais quelqu'un dans le conseil d'administration, prends-moi pour cinq cents francs de titres, — s'il en reste.

Un général ne fut pas plus heureux avec lui. Monsieur X. commandait alors la septième division. Un jour de fête, à Besançon, un concours de tir fut établi au polygone.

Ces sortes de réunions, inconnues des Parisiens, attirent beaucoup de monde en Franche-Comté.

Les solides gaillards de la montagne et de la vallée accourent avec leurs fusils.

Nos voisins les Suisses n'ont garde de nous oublier.

On les voit, le feutre en tête, la plume de coq au chapeau, descendre du chemin de fer pour disputer les premiers prix.

Jusqu'aux arbalétiers du canton prochain, tout le monde veut s'en mêler.

Le général était donc au tir, jugeant les coups, comptant les mouches, donnant ses conseils.

Il avise un gros garçon plein d'entrain et dont la belle humeur faisait la joie de l'assemblée.

Il engage la conversation avec lui, et demeure bien surpris, au bout de quelque temps, de s'apercevoir qu'il a affaire à un homme très-distingué, et ce qui vaut mieux, — à un grand inventeur.

Voici, en effet, ce que celui-ci lui contait :

— Le fusil que je vais faire fabriquer, général, se charge par la crosse.

Comme je vous l'ai déjà dit cette crosse est évidée. On y met des cartouches.

Un ressort à boudin pousse, une à une, les cartouches dans le canon. On presse la détente. Le coup est tiré. — C'est simple comme tout, et pourtant ça n'avait pas encore été trouvé. — La crosse-giberne !.. Qu'est-ce que vous en pensez ?

— Il faut que j'en parle au ministre, dit le général.

Il s'en revint convaincu que dans l'armée le chassepot devait être abandonné.

Que lisait-il le lendemain dans le journal de la localité ?

CHRONIQUE LOCALE.

Qui prétendait donc que le général X.

était animé, envers les républicains, d'intentions peu bienveillantes?

Nous l'avons vu, hier, au concours de tir, s'entretenir longuement, et d'une façon très-cordiale, avec l'ancien membre de la Commune, Courbet...

L'ordre moral crut nécessaire de déplacer, par la suite, cet infortuné général.

Quelques jours avant notre départ de Besançon, nous eûmes la dernière bonne fortune de dîner avec le paysagiste.

Il nous raconta sa fameuse expédition contre les brigands de Naisey.

Comme dénouement réaliste nous ne connaissons rien de meilleur. Cela donnera une idée de la manière de Courbet.

« J'étais chez notre ami M..., près d'Ornans.

« Les paysans ne faisaient que nous corne
« dans les oreilles les brigandages d'une troup
« de malfaiteurs établie dans les bois d
« Naisey.

« De toutes ces histoires-là, pour ma part
« je ne croyais pas un seul mot. Des gens qu
« volent, qui pillent, des gens qui assassinent
« des gens qui enlèvent des femmes, cela ne se
« voit pas dans une société bien organisée. Or
« elle est bien organisée, notre société ! A mo
« qui sort de Sainte-Pélagie, il n'est pas per-
« mis d'en douter.

— « Quels étaient ces brigands ! D'où ve-
« naient-ils ? Combien étaient-ils ? Autant de
« questions auxquelles personne ne pouvait ré-
« pondre.

« Selon les uns, c'étaient d'anciens franc-
« tireurs qui continuaient la guerre, contre
« leurs compatriotes, et pour leur compte par-
« ticulier.

« Selon d'autres, c'étaient des Prussiens en

« retard, et qui étaient résolus à prendre leur
« temps pour évacuer.

« A mon sens, tous ces racontars n'étaient
« que de la fantaisie. Je résolus pourtant de
« m'en assurer.

« Un soir, qu'il faisait un magnifique clair
« de lune et que l'on buvait, dans le jardin, je
« dis à M...

— « Croyez-vous aux brigands de Naisey ?
« Pour moi j'y crois si peu que je vais vous
« proposer de marcher contre cette bande ima-
« ginaire.

« Voici vos deux fils qui ne demandent pas
« mieux. Nous avons des armes. La soirée est
« belle. Faisons une promenade sur la route.

« Consentez-vous ?

« — Je consens, dit M...

« — Nous consentons, disent les fils.

« Nous voilà fouillant dans la maison.

« L'un prend un vieux sabre de cavalerie.
« L'autre saisit un pistolet de la première ré-
« publique. Le troisième un casse-tête.

« Comme le plus brave, je me contente d'un rotin.

« Neuf heures sonnent sur le chaudron de
« l'église du village; nous nous mettons en
« route.

« L'un des fils s'en va, cent pas devant nous,
« en éclaireur. M*** forme le centre. Moi et
« l'autre jeune homme nous sommes d'arrière-
« garde.

« Nous marchons aînsi une demi-heure,
« une heure, sans rien voir, sans rien enten-
« dre de suspect.

« Tout se passait pour le mieux. La route
« était magnifique; la soirée était sereine; la
« lune flambait comme un million de becs de

« gaz; à notre droite, la rivière nous envoyait
« des effluves de fraîcheur qui nous réjouis-
« saient. Nous étions donc plongés dans la plus
« douce sécurité, lorsque tout à coup.... mes
« hémorrhoïdes me tourmentent.

« — Attendez-moi là, dis-je à mon compa-
« gnon. Je vois là-bas un buisson très-épais.
« Je vais m'y arrêter.

« Je traverse les champs. Je m'installe, bé-
« nissant les buissons touffus que Dieu fit
« pour servir de paravents aux braves réa-
« listes en souffrance.

« J'étais à peine là depuis un quart d'heure,
« lorsqu'un coup de fusil m'est tiré de l'autre
« côté d'une haie, un peu plus haut, à l'endroit
« où se trouve un rocher.

« Pan! Psitt! J'entendis la balle passer.

« Ma foi, je l'avoue, la peur me saisit.

« Je me levai en poussant des cris terribles.

« Je me à mis à fuir travers les terres labou-
« rées. Il n'est pas commode, je vous assure,
« de courir à toutes jambes dans les terres la-
« bourées, surtout lorsqu'on a oublié de re-
« mettre son pantalon.

« Je fis plus de dix culbutes dans les sillons.

« Je me croyais même perdu, lorsque le
« reste de l'armée vint pour me défendre.

« Il était temps.

« Les bandits n'osèrent point se montrer, et
« nous pûmes revenir sur nos pas.

« A partir de ce jour, j'ai cru aux brigands
« de Naisey.

« L'aventure fit du tapage dans le pays.

« Tous les paysans voulurent voir la haie.
« et comme ils connaissaient mon infirmité,

« lorsqu'ils eurent découvert sur une touffe
« d'herbe deux ou trois petites *guilles* grosses
« comme des groseilles, le fait ne fut plus
« discuté.

« Une souscription s'organise pour élever
« un monument dans cet endroit.

« A ceux qui croient que je blague, je
« réponds :

« — Allez près d'Ornans! Allez voir mes
« *guilles!*

« Elles sont toujours là. Je les ai laissées »

X

LA COLONNE

La chute de la colonne le mettait dans un grand embarras.

Il aimait mieux causer d'autre chose.

L'interrogeait-on sur cet évènement, ses réponses manquaient de clarté. Souvent même elles se contredisaient.

Pendant six mois que nous avons vécu avec lui nous n'avons pu savoir ce qu'il pensait.

Quelquefois il se trouvait avec des gens d'une opinion avancée.

Ceux-ci lui parlaient de la destruction du monument avec admiration. Alors, il ne se défendait point. — Tout ce qu'on racontait était vrai ; il avait déraciné ce trophée de meurtre et de dispotisme ; il avait couché par terre cet orgueilleux bloc de bronze : Napoléon, bâtissant lui-même sa statue n'avait pas songé qu'il naîtrait, un jour, un Courbet pour la briser...

Une autre fois il changeait de langage. C'est qu'il avait affaire peut-être à des conservateurs et qu'il prévoyait des objections.

Son rôle avait été nul dans cette maudite entreprise. On n'avait tenu compte d'aucun de ses avertissements.

La Commune allait de l'avant, tête baissée, comme un taureau.

On avait voulu nettoyer la place Vendôme : son nom avait servi de balai.

Il se fût contenté pour sa part de dérouler les spirales et de les mettre dans le cloître des Invalides.

Le conseil de guerre n'avait rien voulu comprendre. On l'avait condamné injustement, oubliant les services qu'il avait rendus pendant l'insurrection. — Exemple : il reçut plus de cinquante mille lettres lui demandant de jeter les restes de Napoléon dans la Seine.

Les bonapartistes le persécutaient pour la destruction de la colonne; ils devraient lui être reconnaissants pour la conservation du tombeau. Mais, il n'y a rien à attendre de la justice des partis… *et cœtera*. — Bref, on le calomniait.

Ces contradictions qui s'entrechoquent nous fourniront peut-être la vérité.

Comment Courbet est-il entré dans la Commune ? — En artiste.

Comment s'y est-il comporté ? — En artiste.

Comment s'en est-il tiré ? — En artiste.

Et pourtant ce mot d'artiste lui déplaisait.

Il fut lancé dans la mêlée par son tempérament sanguin et bilieux. La grande mise en scène du drame national l'encourageait à prendre un rôle.

Son imagination surchauffée lui fit entrevoir comme un reflet de la sublime fournaise de quatre-vingt-treize.

Et puis aussi, convenons-en, son amour propre fut satisfait. — N'avait-il pas la haute main sur les beaux arts ? N'exerçait-il pas sa large part de la puissance populaire ? — Pour commencer il n'eut qu'à se laisser faire: pour aller jusqu'au bout, il n'eut qu'à se laisser porter.

Une pareille existence convenait éminemment à l'esprit d'un poëte tel que lui, — car, poëte. il l'était. Mais s'imaginer qu'il franchit le seuil de l'Hôtel-de-Ville avec des convictions bien précises, ce serait se tromper.

Il n'était pas du nombre des croyants.

Il ne savait pas lui-même ce qu'il pensait. Son procès en témoigne. — Ce ne fut pas une affaire d'opinion pour lui, mais plutôt, en style d'atelier, un instant *d'emballage* et une pure *toquade*.

Cette année 1871 lui fut fatale.

Les angoisses par lesquelles il avait passé avaient alourdi sa verve et rompu son élan. Des préoccupations pécuniaires, en outre, venaient le déranger.

L'assemblée nationale, vraie concierge de l'ordre moral, présentait la note des vitres cassées. Les huissiers montraient les dents.

Il fallait payer.

Payer! — Rude besogne pour un fils de paysan qui connaissait la valeur du plus maigre décime! — Dure extrémité pour celui qui voyait disparaître d'un coup tout le fruit de son travail accumulé! — Mieux encore valait franchir la frontière, et se retirer derrière le Jura, — cette masse de granit morose et froide devant laquelle s'arrête le recors, et par dessus laquelle ne s'envole pas le papier timbré.

Au bout de quelque temps d'exil la nostalgie le prit. Il négocia son retour avec le trésor.

Chaque coup de plume des paperassiers fut une nouvelle blessure.

Des lenteurs désespérantes le disposaient à tout abandonner. Enfin, un accord se fit.

Il devait éteindre sa dette par annuités.

A partir de ce jour, il fut l'esclave de la justice et du fisc. Il ne s'appartint plus.

Il travailla, non pas pour faire œuvre de peintre, mais pour faire acte de bon débiteur.

Son pinceau improvisa mille petites toiles qui encombrèrent les vitrines. Sa palette dvint le gage des créanciers. Paysages et marines, dessous de bois et vagues en miniature, rochers moussus et barques à voiles latines, ses productions assiégèrent l'amateur qui commença à se dégoûter.

La plus-value de ses tableaux qui s'était produite à sa sortie de prison, fut suivie d'une baisse générale sur les études de petite dimension.

Il n'en fallut continuer à produire qu'avec plus d'ardeur...

Par une sorte de fatalité, lorsqu'il eut fermé ses malles, et tout disposé pour son retour dans sa patrie, le 16 mai, qui éclata, vint encore l'arrêter.

Il releva son chevalet.

Il se satura le cœur de douces espérances qui ne devaient pas se réaliser.

Quelques mois après, on l'enterrait à la Tour-e-Peilz.

Le gouvernement, pour honorer les funérail
les d'un grand homme, s'y fit représenter pa
un immonde mouchard, grimé en homme d
lettres, qu'il est inutile de nommer.

L'Angleterre avait saisi le cercueil de Shéri
dan; la France envoyait un rufian surveille
e cadavre de Courbet.

Nous ne savons plus dans quelle cervelle d
fumiste parlementaire germa l'idée de faire re
construire la colonne aux frais de celui qui l'a
vait renversée. — Faire rebâtir le ministèr
des finances par la famille de Féré, — fair
indemniser la famille Darboy, par la famill
Rigault, — faire relever l'Hôtel-de-Ville, pa
les veuves et les enfants des gardes nationaux
— voilà des mesures que, pour être logiques, no
anciens représentants auraient dû voter.

Malheureusement l'on ne pousse jamais l
sottises jusqu'à l'extrême conséquence. Cel
les fait accepter du public. Cela permet pl
tard de recommencer.

Que dit-on à Ornans de ce règlement de compte exigé par le parlement versaillais ? — On prétend que Courbet, lui-même, n'est pas étranger à la décision qui fut prise contre lui.

Voilà qui va surprendre et qui demande à être expliqué.

Courbet fut arrêté dans des circonstances connues de tout le monde.

Entendant le pas des soldats qui montaient l'escalier, il n'avait eu que le temps de se jeter dans un immense coffre à bois et de le refermer.

La cachette était peu sûre.

Le caporal, sans s'amuser à fouiller inutilement les alcôves vides, marcha droit au coffre et souleva le couvercle.

— Vous êtes arrvés à temps, dit Courbet, en sortant avec des copeaux dans la barbe ; j'étouffais.

On descend notre homme.

On l'emmène à travers une foule qui le couvre d'insultes et de coups.

Il craignit alors pour sa vie, et il s'écria :

— J'ai démoli votre colonne, eh bien ! je la pa erai.

Ces choses ont déjà été racontées. Mais voici ce que racontent quelques-uns de ses amis.

Ces malheureux mots : Je payerai! auraient été dans la suite, trop souvent répétés par lui. Dans les cafés, dans les lieux publics où il avait à subir une discussion sur son procédé particulier de déboulonnage, il finissait toujours par conclure, et bien haut, par cette affirmative : Je payerai !

Les amis de ses ennemis personnels, ou ses ennemis eux-mêmes, recueillirent cet engagement verbal et le transformèrent en une traite, à une prochaine échéance.

— Tu veux payer, se dirent-ils; tu paieras !

Et les braves gens s'adressèrent aux députés cléricaux qu'ils avaient envoyés à l'assemblée. L'affaire fut bâclée en peu de temps.

Courbet succomba donc, non pas sous le poids de la vindicte publique, mais sous celui des petites rancunes locales, — fardeau autrement dur et lourd à porter.

Telle est la version de quelques habitants d'Ornans. Nous la donnons au lecteur, qui réserve toujours son droit de se prononcer.

Comme il le disait, il avait fait beaucoup de bien pendant la Commune.

Le jour de l'entrée des Versaillais, il était au Luxembourg, prenant mille précautions pour sauver le musée.

Au Louvre, il ordonna d'enlever les bijoux de la galerie d'Apollon.

Il les enferma dans un cabinet secret et ne se retira que lorsque la porte eut été murée.

Quant aux paroles stupides qu'on lui a prêtées :

— Qu'importe l'incendie des tableaux de Raphaël et de Rubens ! s'ils périssent, je les referai !

Ce sont là d'ineptes imaginations de reporters gâteux, ne méritant même pas d'être refutées.

Il faisait si peu de cas des tableaux anciens qu'il dépensa à l'étranger beaucoup de temps et d'argent pour s'en procurer.

Il en a formé une galerie très-riche.

C'est avec le prix de cette galerie que la colonne sera soldée un jour par ses héritiers.

Pour nous, voici notre opinion sur cet homme :

— De tous les lieux de Paris et du monde où l'homme de lettre et l'artiste sont le mieux torturés ; de tous les lieux de Paris et du monde où il y a le moins de sûreté pour les créations de l'esprit et les productions de l'art, — nous n'en savons pas de plus redoutable et de plus redouté que cette sombre prison, Bastille légale, qui a nom Sainte-Pélagie.

Charles Habeneck, qui vient de mourir, nous racontait que le jour de sa sortie on lui retenait ses tableaux.

Raspail, songeant à ceux qui devaient lui succéder dans la cellule, voulut leur léguer un mobilier. — Le mobilier a disparu.

Courbet avait peint des paysages sur la porte de son cabanon : on fit scier la porte, et on la fit remplacer.

Le règlement voulant une prison uniforme et nue, les geôliers persécutent l'homme et profitent de ses œuvres.

Telle la société.

Il suffit qu'une poule ponde des œufs d'or pour être tuée. — La France a daigné prendre les tableaux de Courbet et s'en faire gloire; après quoi, on l'a supprimé.

Athènes est aujourd'hui la préfecture du département Béotie.

XI
COURBET ET SES ENNEMIS.

A l'entrée du village d'Ornans, à gauche, la première maison que l'on aperçoit est l'atelier du peintre.

Au milieu du jardin mal clos, où les plantes sèchent et meurent, l'édifice abandonné se délabre.

Les murailles s'effritent. Le plâtre se détache. Les vitres crépitent et tombent sous la pierre des enfants en tournée buissonnière.

Les portes, mal jointes, ont été fermées par le père Courbet selon la méthode naïve et économique de l'âge de... sapin : il a cloué transversalement des planches entre les deux battants.

Expédient bien inutile contre les rôdeurs de nuit, et les farceurs cléricaux de la vallée ! Le matin venu, on trouve la porte ouverte.

Les quelques meubles qui restent ont été saccagés.

On a crevé les dernières études suspendues, çà et là, dans la vaste salle.

On a déposé des immondices dans les coins.

Le vieillard pousse alors de hauts cris :

— Il n'y a donc plus de police à Ornans ! Il n'y a donc plus de gendarmes pour défendre le bien des honnêtes gens !...

D'ailleurs, il va courir chez le commissaire pour lui dire son fait...

Celui-ci répond : — Qu'y pouvons-nous ? Achetez une serrure. Mettez un cadenas...

Mais le bonhomme ne l'entend pas ainsi.

Il revient au crépuscule. Il cloue de nouveau ses planches. Ensuite, il va se coucher, — avec la certitude d'avoir, cette fois, au moins, opposé un obstacle sérieux à l'entrée des vauriens.

Le lendemain, la besogne est à recommencer.

Voici tantôt un an que cela dure...

Ce que des imbéciles, campagnards inconscients, font dans cet atelier, — d'autres imbéciles, citadins méprisables, l'ont fait dans la vie du preintre.

Sous prétexte d'idéalisme, on a pénétré dans son existence privée. On a crocheté ses secrets. On a mutilé, sali, souillé tous ses rêves. On a tout bousculé, tout déchiré, tout brisé.

Puis, en se retirant, on a donné l'exemple aux goujats des bords de la Loue : — On a laissé, pour carte de visite, ses immondices dans les coins.

La diffamation est l'arme des sots.

A quel parti doit se résoudre l'artiste que l'on attaque? — A céder? C'est le suicide. — A dédaigner? Cela est difficile. — Il reste un dernier moyen : l'orgueil.

A celui qui s'en sert alors que pourrait-on reprocher?

Courbet fut orgueilleux.

Il eut raison dans ce vice.

Modeste, il n'eût rien fait.

On prend d'autant mieux son parti des critiques qu'elles sont plus exagérées. Jusque dans sa famille, le réaliste rencontra des ennemis. Une personne qui le touche de très près l'a dénoncé aux autorités fédérales.

Elle a demandé son expulsion. Elle a sollicité presque son emprisonnement.

Aussi fallait-il entendre le proscrit de la Tour-de-Peilz parler d'elle.

— Si elle vient ici, criait-il, je la fous dans le lac !

Évidemment, il ne l'aurait pas fait.

Il s'était, depuis longtemps, fabriqué une douce philosophie où la conscience de son talent entrait pour beaucoup, mais où entrait aussi pour quelque chose une certaine habileté.

Il savait que la calomnie est la plus utile des réclames.

On criait : il augmentait d'autant le prix de ses tableaux.

Quelquefois il prenait même le soin d'aiguillonner ses adversaires qui l'oubliaient. — A ce propos, nous nous souvenons d'un dîner officiel qui eut lieu à Besançon.

Il nous raconta que le hasard l'avait placé à côté de M. Lancrenon, un peintre de l'école de David.

Ce Lancrenon est mort il y a peu de temps. Il avait la spécialité de ces toiles mystiques où l'on voit de jeunes femmes à thorax excavé monter au ciel, dans un brouillard, au milieu d'une volée d'enfants ayant des ailes et ces grosses fesses que Rubens a inventées. — On trouve un échantillon de son savoir-faire dans une des chapelles de l'église Saint-Laurent. C'est bien peint. C'est correct. Il y a du dessin. Il y a de la couleur. Il y a tout ce qu'il faut pour constituer quelque chose, et cependant, cela ne vaut rien.

C'est splendide de nullité !

Trop solide mangeur et trop bon buveur pour molester, à jeun, le classique le plus détesté, Courbet se mit à disséquer une truite du *pays* en attendant la bataille.

Quand son estomac fut satisfait, quand il eut vidé deux vieilles bouteilles, il commença l'attaque :

— Monsieur Lancrenon ?

— Monsieur Courbet ?

— Que pensez-vous de ma peinture ?

— Heu ! heu !...

— Je suis plus grand que Raphaël, n'est-ce pas ?

Le pauvre classique se leva d'une pièce. Il jeta sa serviette sur la table et disparut.

Courbet entama sa troisième bouteille par un toast : A M. Lancrenon, *professeur de dessin de la ville !*

Le malheureux artiste ne cessa pas de déblatérer contre lui. — C'est ce que le paysagiste demandait.

L'orgueil le mieux trempé demeure toujours flexible. Courbet aimait assez les *éreintements* de la presse ; toutefois, une juste louange ne le laissait pas insensible.

On peut très-bien savoir son mérite et ne pas négliger la réclame. — Il fut dupe un jour de son habileté.

Un journaliste anglais lui fut présenté en Suisse. Il écrivait, — ou prétendait écrire, — dans une des plus grandes feuilles de Londres. — Réaliste convaincu, il voulait faire partager son enthousiasme à ses compatriotes. Malheureusement, peu de toiles du grand franc-comtois avaient traversé la Manche.

On avait visité son exposition particulière en 1867, mais cela ne suffisait pas.

Il aurait désiré emporter quelques beaux ouvrages capables d'enflammer des amateurs.

Il les montrerait à ses amis, à ses connaissances, — ensuite il lancerait une série de petits articles bien troussés, adroits, qui, comme des furets, poursuivraient l'or dans ses cachettes, et sauraient bien, *aoh!* s'en emparer.

Le marché est conclu.

Courbet se frotte les mains.
Il confie trois tableaux d'une valeur de quatorze mille francs au fils de la blanche Albion.

Celui-ci remercie, prend le train, et ne donne plus de ses nouvelles.

— Nous nous trompons sur ce dernier point : il écrivit un an après, mais c'était pour demander six cents francs nécessaires à l'encadrement de *ses* paysages.

Il y eut des circonstances où l'amour-propre de Courbet, affirmé hautement, le vengeait des manœuvres de ses adversaires.

En 1872, après le refus de ses tableaux au Salon, il écrivit au président de l'Exposition de Vienne.

Il lui proposait deux toiles destinées à flétrir le principe barbare de toute guerre.

Dans la première il eût représenté le départ d'un conscrit. — Le jeune homme, frêle, l[e] sac au dos, le bâton à la main, dit adieu à s[a] famille.

La mère et les sœurs sont désespérées. L[e] grand-père aveugle, accoudé sur la table, rêv[e] tristement aux anciennes boucheries dont i[l] fut l'un des acteurs.

L'enfant, qui veut montrer du courage[,] réserve ses larmes pour le moment où il ser[a] loin des siens.

L'étude de cette peinture fut commencée[.] Elle appartient aujourd'hui à M. Marcel Ordinaire.

Dans la seconde toile, le jeune soldat s'es[t] transformé.

Il a profité des leçons de la discipline. Il [a] recueilli les bons conseils des vétérans. L'espri[t] militaire a soufflé sur lui.

Le voilà à Solférino.

Il est zouave. Il a combattu courageusement. La bataille est terminée. La route est couverte de cadavres et la nuit descend.

Le timide conscrit, devenu soldat féroce, s'est accroupi sur l'un des morts et lui a coupé la tête. Il l'agite en l'air avec des cris sauvages.

Ces deux tableaux devaient avoir de grandes dimensions.

Il allait, écrivait-il, se mettre sur-le-champ à l'ouvrage; seulement, il exigeait une chose : son œuvre serait soumise à un jury étranger. Le jury français venait de faire preuve d'une partialité révoltante à son égard. Il le détestait.

La réponse arriva bientôt.

La règle était uniforme pour tous. Chacun devait être jugé par ses compatriotes.

Il abandonna son idée, croyant avoir donné une leçon à M. Meissonnier.

Nous raconterons l'histoire de l'ami Jérôme à ses détracteurs.

Jérôme, un des vieux camarades du peintre, unissait à la plusprofonde modestie mille qualités dont les hommes, pour l'ordinaire, se montrent très-glorieux.

Il était doux, travailleur, sobre, fidèle, serviable, courageux.

Nous ne savons pas de pied plus agile et plus leste que le sien lorsqu'il s'agissait de gravir les rochers, tout en portant le chevalet, la boîte de couleurs, et les chassis du paysagiste en quête de modèles.

Compagnon dévoué, on le trouvait toujours disposé pour des excursions pénibles et nouvelles.

Par le froid, par le chaud, par le vent et

a neige, par le soleil et la pluie, il marchait sans se plaindre, sans songer à se reposer.

C'est qu'il avait conscience, ce brave Jérôme de l'honneur qui lui était accordé !

Être le dépositaire des pinceaux et de la palette de M. Courbet, il y avait de quoi lui créer des jaloux dans toute la Franche-Comté.

Aussi, fallait-il le voir s'avancer avec son illustre ami le long des haies, sur la lisière des bois de sapins, sur la crête de la montagne, dans les sentiers qui filent à travers les blés.

Ses instincts artistiques étaient alors fortement surexcités, et lorsqu'au détour d'une route, un paysage digne d'être reproduit s'offrait à son regard, il s'arrêtait. — Il s'arrêtait et tournait la tête vers le peintre.

Celui-ci comprenait.

— Jérôme ne veut pas aller plus loin disait-il ; il doit y avoir là une belle vue.

Et en effet, Courbet n'avait qu'à se mettre à travailler.

Lorsque le crépuscule commençait à jeter sa cendre sur le brillant des couleurs, Jérôme s'avançait vers le réaliste, ouvrait la mâchoire, — nous avons oublié de dire que Jérôme est un petit âne, — saisissait entre les dents le tricot de son maître, et à le secouait.

Cela voulait dire :

— Il faut rentrer; nous ne ferons plus rien qui vaille.

Courbet se levait.

On revenait doucement à la maison, où vous attendaient une fraîche botte de foin, et un bon verre d'absinthe de Pontarlier.

C'est Jérôme qui a découvert la *remise aux chevreuils*.

— Si tu pouvais écrire des salons, mon

PAYSAGISTE ET CRITIQUE D'ART.

Imp. A. Salmon.

vieux, quel fameux critique tu ferais, disait Courbet en caressant ses longues oreilles.

C'était vrai. A combien de chroniqueurs parisiens en paysage, Jérôme n'en aurait-il pas remontré.

Malheureusement, depuis la mort de son maître, désespéré, il a renoncé aux beaux-arts pour toujours.

XII

LES DISCIPLES DE COURBET

C. PATA.

Imp. A. Salmon.

Il y a beaucoup de faux Courbet dans le commerce. Les marchands de tableaux le savent mieux que personne.

Pata nous a raconté avoir vu vendre, à l'hôtel Drouot, plusieurs de ses paysages que l'on avait revêtus de la signature du maître.

Cet acte de déloyauté commerciale n'est pas fait pour irriter le peintre qui en est victime.

Il y a des plagiats qui honorent.

L'on serait un fat de vouloir se plaindre.

Aussi, Pata se tait-il ; et il a raison.

Pata fut un des amis les plus fidèles de Courbet. Dans ses dernières années, il ne l'a guère quitté.

C'est lui qui, veillant sans cesse sur les intérêts du réaliste, réussit, après la Commune, à lui remettre le pinceau en main, et à lui rendre cette habitude du travail si nécessaire et si féconde, si facile à perdre, et si dure à recouvrer.

A la Tour-de-Peilz, il ne cessa pas de venir en aide, par son énergie et son activité, à un homme que des malheurs successifs avaient ébranlé, — et qui devait être disposé à prendre une nonchalance funeste pour ce repos réparateur auquel on peut s'abandonner après les grandes épreuves.

C'est lui qui traitait avec les marchands de tableaux.

C'est lui qui entraînait le peintre dans la montagne, et lui faisait exécuter les commandes dont on l'accablait.

Il recevait les lettres. Il répondait. Il encaissait l'argent. Il plaçait les économies. Il suivait, au jour le jour, le procès que l'on plaidait. — Il était enfin un véritable factotum.

En même temps, malgré ces soins de la fortune d'autrui, malgré les soucis de ses propres affaires, il peignait.

Il lui avait fallu, d'ailleurs, tout son amour de l'art pour l'attacher à une situation qui parfois ressemblait à une servitude.

Dès son enfance, une vocation énergique l'avait poussé loin de son pays et loin des siens.

A douze ans, il avait quitté son village, — une de ces bourgades étiques que les Alpes dissimulent dans leurs ravins.

Avec deux francs en poche, il était venu à la ville de Locarno. Là, lui avait-on dit, il trouverait des protecteurs ; il pourrait étudier dans une école de dessin. — De vrais protecteurs, il n'en trouva qu'à grande peine, et après de longues années.

Quant à l'école, où on n'était admis qu'après avoir payé une rétribution de dix francs, le concierge lui en poussa vigoureusement la porte sur le nez, dès qu'il eut vu son porte-monnaie.

C'était un triste jour, paraît-il, que celui-là, et il faisait un froid à faire grelotter les ours.

Le pauvre gamin, suffisamment renseigné par le portier, remit sa casquette sur l'oreille, tourna le dos à la terre promise, et traînant la jambe, se disposa à regagner son ancien foyer.

La fatigue d'une longue marche l'accablait.

Il entra chez un boulanger.

Là, il acheta un morceau de pain, et tout en se chauffant près du four, il se mit à rêver.

Il était vraiment bien dur de n'avoir pas réussi.

Que diraient de lui les parents, lorsqu'il reviendrait? Que penseraient de lui ses amis? On le raillerait. On le tourmenterait. On le malmènerait. Le mieux, en somme, était de rester.

Et voici qu'une idée soudaine lui traverse la tête.

Il y a un couvent à Locarno. Un de ses vieux cousins, depuis longtemps déjà, s'y était enfermé.

S'il allait le voir? S'il allait lui demander conseil? Peut-être que tout s'arrangerait....

Une demi-heure après il sonnait à la porte du couvent et demandait le frère Nicolas.

Il y a des cousins capucins qui tiennent encore à leur famille : — l'amour de Dieu, ce jour-là, ne fit aucun tort au petit Pata. Loin de là, il servit à sa cause.

En effet, pendant qu'il causait, que se disait le frère ?

— Voilà un gaillard dont nous pouvons peut-être tirer parti.

Il aime le dessin. Il se pourrait qu'il eût du mérite : or, les murs de la chapelle sont d'une nudité indécente. Quelque épisode de l'Évangile, le portrait du Père Éternel, celui de Jésus, de la Vierge, de Joseph, — es douze apôtres, — un escadron de chérubins, — tout cela ornerait notre église et donnerait un grand lustre à notre communauté.

Le supérieur, de son côté, consentit à tenter l'épreuve. On logea le nouveau venu dans une cellule abandonnée. On lui octroya les restes de la table commune.

Trois ans après, de la voûte au dallage, de la porte à l'autel, il n'y avait pas un pouce carré de surface où le pinceau de Pata dût encore travailler.

Les moines étaient contents.

L'enfant, désormais, pouvait bien faire son chemin seul. On le renvoya.

Ses touches sont larges, solides, hardies — tantôt douces et cependant vigoureuses, — tantôt brusques et cependant nuancées.

Ses arbres, ses prairies, ses montagnes, ses ruisseaux qui bondissent dans l'écume, tout le monde les connaît, — car si l'on n'a pas vu ses tableaux, l'on a vu la nature ; elle n'est pas reproduite par lui, elle est fidèlement rendue.

Nous parlons, bien entendu, de ses principales toiles, et de certains petits chefs-d'œuvre ignorés du grand public, mais qu'un jour ou l'autre, il sera forcé d'admirer.

Nous n'en voulons, comme preuve, que la

belle collection de M. F. Courbet, chef des gardiens au Luxembourg.

Dans son cabinet, que les initiés seuls visitent, il y a plus d'une toile que le plus riche amateur envierait. — Feyen Périn, Hanoteau, Tournemine, duchesse Colona dite Marcello, Guillemet, de Saint Albin, de Callias, Cartier, etc... ont tenu à récompenser l'homme qui veille sur toutes les richesses de notre musé.

Pata n'est pas un des moins appréciés.

Courbet y est représenté par deux morceaux de large facture : les portraits de Suisse et de M Chardignier,

L'autre disciple du réaliste est Marcel Ordinaire, fils de l'ancien député du Doubs.

C'est à Maizières, à deux pas d'Ornans, qu'il est né.

Il y a grandi ; il y est devenu peintre.

Courbet, l'ami de la maison, le mit tout enfant sur ses genoux ; de ses grosses mains, couvertes de couleur, il le toucha, et le sacra, pour ainsi dire, paysagiste.

La nature, au milieu de laquelle il se développa, fit le reste.

Saturé d'ombre et de soleil, imprégné des effluves de la vallée, il eut, dès le premier jour, l'intuition spontanée de sa manière.

Les modèles étaient trouvés.

Il n'avait qu'à s'abandonner à son instinct.

Il a beaucoup travaillé, toutefois.

Ne voulant pas rester sous l'influence écrasante d'un maître aussi puissant, il alla frapper à la porte de Français.

Il apprit chez ce dernier à modérer un élan que l'on se complaît peut-être un peu trop à blâmer chez les jeunes. Il réfréna son ardeur première. Il réfléchit sur ses impressions. Il les classa, il les épura, il les synthésia, en quelques sorte, pour obtenir une œuvre plus douce, plus savante, où les procédés des deux maîtres se fondent sans nuire l'un à l'autre, et sans s'altérer.

Le fruit de cet effort, il l'a cueilli au salon dernier. Son *Puits noir* obtint une seconde médaille. Il fut acheté par le gouvernement.

Il a travaillé trois ans à cette toile.

A la veille de chaque exposition il la recommençait. Le résultat, on le connaît.

C'est peut-être un peu cherché.

Il y a, à côté de larges couleurs ramassées sur la palette de Courbet, des arrangements méthodiques et scrupuleux qui ont demandé beaucoup de temps pour être trouvés, rendus, achevés.

Entre toutes les branches, il y a de l'espace;

entre toutes les feuilles, il y a de l'air; tout est à sa place; tout est en son jour; — c'est très-bien, mais il y a pas assez de fouillis. — La nature est plus robuste.

Elle est plus dégingandée.

Conclusion :

Après M. Boudot, M. Marcel Ordinaires, est un des jeunes paysagistes franc-contois, qui ont le plus d'avenir.

SYNTHÈSE

Nous venons de raconter les principales anecdotes que nous et nos amis avons recueillies sur le peintre.

En nous livrant à la compilation de faits, puérils en apparence, quelle a été notre intention ? — Nous n'avons certainement pas voulu nous livrer à un commérage de lavandière développant des nippes et du vieux linge pour mettre au jour les froissements et les maculatures de la vie intime.

Nous avons voulu découvrir le mécanisme secret d'un caractère dont le fonctionnement bruyant a rempli de surprise la France contemporaine.

Que si la forme de cette étude effarouche le lecteur, nous le prions de ne point nous en garder rancune, le principal mérite, selon nous, étant bien moins dans le talent d'un écrivain que dans sa parfaite sincérité.

Or, ceci est un *livre sincère*, — trop sincère même, au dire de quelques camarades de Courbet, — et si l'on veut se souvenir des bonnes paroles que Montaigne, le maître, a placées en tête de ses *Essais*, nous sommes presque assuré de voir naître ces encouragements qu'il est si doux de recueillir, — mais dont, à la rigueur, on saurait passer.

Tous les novateurs sont des enfants du peuple. Il semble qu'en s'élevant dans la hiérarchie sociale, l'être humain perde cette fécondité cérébrale d'où procède l'idée forte, robuste, dominatrice.

Il en est des esprits comme des organismes.

La chlorose et l'anémie, la scrofule et

l'eczéma sont les principaux privilèges de ces alliances blasonnées où l'écusson tient ménage avec l'armoirie, et où l'introduction d'une goutte de sang plébéien est aussi redoutée que l'inoculation du virus le plus honteux.

Il y a, pour les marquis, une pathologie spéciale où la bactéridie roturière tient la plus importante place.

Aussi, avec la constitution, s'appauvrit l'intelligence; avec le muscle, s'atrophie la cellule nerveuse; avec le biceps, périclite la circonvolution.

Un certain savoir-faire peut bien subsister dans les hautes couches, mais le génie ne se trouve plus que dans les bas-fonds.

Molière sort d'une échoppe des Halles. Shakespeare est un jeune palefrenier. Voltaire tâte de la canne de Rohan. Dans une cave de la vieille rue de Battant, à Besançon, Proudhon rêve au bruit du marteau de son père tonnelier. Une grande dame ramasse Dupuytren sur le bord d'une route. Balzac, malgré sa particule mal attachée, était un roturier. Enfin, Courbet est fils d'un paysan, et jusqu'à son dernier jour, lui-même est resté paysan.

On ne peut pas avoir les qualités d'une classe sociale, sans, en même temps, en posséder les défauts.

Mais, ces défauts, que de fois dans les arts ils se transforment en qualités!

Cet entêtement que Courbet tenait de sa famille n'est-il pas l'instrument avec lequel il a créé on originalité?

Courbet eût-il été Courbet, s'il se fût laissé intimider par la première attaque, et s'il se fût soumis aux critiques qui l'assaillaient.

Comme un campagnard que la pluie, le

vent, la grêle attristent, mais qui n'en continue pas moins de labourer, de planter, de semer, on a vu le réaliste garder toute son énergie, et produire, sans cesse, de nouveaux chefs-d'œuvre.

On lui a reproché son orgueil. — Otez à un homme la confiance en soi-même, cet homme est perdu.

D'une autre part, contrariez un novateur qui a foi dans son idée, vous le contraindrez à se décerner spontanément les éloges que vous lui refusez.

Il en est toujours ainsi dans le début des vrais artistes et c'est pourquoi il faut leur pardonner.

Les poëtes généralement ne sont guère modestes ; ils préfèrent leurs rimes aux meilleures des plus grands maîtres : les peintres aussi se connaissent fort bien en appréciations personnelles et égoïstes ; les toiles de leurs prédécesseurs et de leurs contemporains ne sont rien auprès de leur moindre peinturlurage.

Peintres et poètes ont le même travers.

Pourquoi s'en - scandaliser?

Que cela tourne au profit de l'art, voilà tout ce que l'on est en droit de leur demander.

— Mais s'il avait d'autres défauts dont cet art, que vous invoquez, ne pouvait tirer aucun parti !

— Nous ne savons. Tout caractère est un. homogène.

Enlevez un vice; remplacez-le par une qualité ; l'homme tout entier est changé.

Il était intempérant, et cela le maintint dans vraie doctrine de ses commencements réalistes.

Le soir, lorsque les bocks encombraient la table, lorsque la fumée remplissait la taverne, lorsque le bruit des conversations, des discussions, des querelles frappait son oreille, l'alcool ajoutait son activité fièvreuse à celle de sa pensée toujours en éveil, toujours agitée.

Si Courbet avait été sobre, rangé, homme de famille, habitué des salons, il ne nous aurait rien laissé.

Imagine-t'on le paysan de la Loue, en gants blancs, et filant la phrase chez une comtesse bien froide et bien compassée, au milieu de gens bien corrects et bien sots?

En peu de temps il en fût venu à oublier la nature ; il eût perdu cette puissante naïveté qui est peut-être la seule caractéristique de cette chose sublime que l'on ne définira jamais : le génie.

— Pauvres casseurs de pierre, qui donc vous aurait compris, qui donc vous aurait peints, si M. Courbet ne vous avait pas aimés, et n'avait pas souvent heurté sa chope pleine contre votre verre plein ?

Le vin qu'il but avec vous, les enfants résignés du malheur, c'était le sang du peuple, qui lui, passant au cœur, le réchauffait et l'exaltait.

Le pouls baisse à prendre des sorbets, dans une cuiller d'or, aux genoux d'une caillette, dans un boudoir capitonné...

— Quant à vous, curés pansus, égrillards, soiffeurs, que seriez-vous devenus si un peintre ne s'était pas trouvé pour reproduire vos joyeux ébats pendant les conférences pieuses?

Un tempérament atrabilaire, comme on en découvre chez les buveurs d'eau, aurait sur-le-champ jeté l'alarme dans le troupeau de vos ouailles timorées.

Un bon vivant au contraire, vous a concilié la faveur des masses émerveillées; car vos gestes grotesques, votre démarche oblique, vos airs radieux, faisant entrer la joie dans tous les ventres, et faisant grimacer de rire toutes les trognes, on a étouffé en soi la colère, et l'on a fait la haie pour vous applaudir, et pour vous voir passer...

— C'est très-bien ; mais il était agressif, tapageur, mordant.

— Incontestablement, il fut agressif. Ce fut son tort. Les applaudissements ne manquèrent pas à ses premières œuvres.

Edmond About vint lui japer entre les jambes.

Gustave Planche le mordit au talon avec ses dents aiguës de brochet. — « Il avait une habileté tout au plus suffisante pour l'exécution d'une enseigne. »

Un filandreux critique de la *Revue des deux mondes* traitait de *sauvages bêtises* ses productions les plus travaillées.

Jusqu'à Théophile Gautier qui, faisant en lui la part du portraitiste et celle du paysagiste, exaltait le second au dépens du premier.

A se sentir ainsi couper en deux, il y a mauvaise grâce de ne pas être satisfait.

Lorsque tout le monde vous fouaille les épaules, que toutes les lèvres vous insultent, que toutes les mains vous calottent, que tous les pieds vont à votre derrière comme à leur centre commun d'attraction, il y a vraiment sottise de se fâcher, et, en se défendant, de se montrer *agressif*.

Courbet fit la grande faute de ne pas être reconnaissant pour toutes les volées qu'on lui administrait.

Il se conduisit en rustre, et ne sut pas savourer les compliments qu'on lui adressait. — Il fut *mordant, tapageur*, et ingrat.

— C'est très-bien ; mais son réalisme n'était

que de l'ignorance. Il ne lisait point ; il ne savait même pas l'orthographe ; l'idée, dans la forme précise et svelte d'une phrase qui chante haut et caresse l'oreille, ne lui disait jamais rien. Michel-Ange a fait des vers. Lui, il était obtus. Il haïssait le livre, — vous l'avez dit. Il n'avait que la perception des choses, comme les animaux.

— Nous ne le nions pas ; il dédaignait un peu trop la littérature.

Il n'avait que la perception des choses, sous leurs deux qualités esthétiques de la forme et de la couleur. Mais aussi avec quel sens presque divin, — eût-on dit, au temps où Dieu existait, — avec quel sens positif n'a-t-il pas vu, et analysé toutce qu'il a reproduit.

La tête ne faisait certainement pas une bonne besogne rationnelle et métaphysique, mais elle était comme un lieu privilégié où les lignes et les nuances s'emmagasinaient pour ressortir en compositions resplendissantes, lorsqu'il les évoquait.

Ne lisant pas, il demeura plus près de l'instinct, plus près de la terre.

Il ne se lança point dans un courant de théories qui l'auraient jeté à la dérive.

Il garda ses goûts simples et ses mœurs.

Aussi, sa bibliothèque est-elle là-bas, au pied du mont Jura! Voici les titres de ses livres : la *Remise aux Chevreuils*, le *Puits noir*, le *Château de Say*, la *Source de la Loue*, la *Roche de dix heures*... etc. Voir le catalogue.

Avec de pareils classiques, on ne risque pas de se trouver à court dans un si laborieux métier.

Un dernier trait à l'adresse de ses ennemis, et nous terminons cette étude. . . . .
. . . . , ...

Lorsque l'hydropisie eut envahi les jambes et le ventre, sa figure pâle et maigre, où l'on ne voyait que ses grands yeux, eut un spasme suprême.

Il rendit le dernier soupir.

Alors, le père Courbet se mit à pleurer.

La veille, il était arrivé apportant à Gustave deux cadeaux dont le peintre, souriant douloureusement, l'avait remercié : c'était une lanterne sourde pour descendre à la cave, et un piège à souris pour détruire les parasites de l'atelier...

Le décès constaté il fallut commander l'enterrement.

On vint, le lendemain, prendre mesure du cadavre...

Le père, qui avait trouvé dans l'appartement une sacoche pleine d'or, avait, pendant la nuit, refusé de se coucher dans un lit; il était sourd, et il n'aurait pu entendre venir les voleurs.

Il s'était, tout habillé, étendu sur un canapé, — sur le ventre, — sur la sacoche...

L'entrepreneur des pompes funèbres l'interrogeait.

— Nous ferons un convoi de première classe et nous aurons un cercueil de plomb.

— De plomb ! dit le père. Cela sera bien cher !

Et, oubliant un instant le lieu où il se trouvait, la cérémonie que l'on préparait, et la personne que l'on enterrait, le paysan économe demanda :

— Ne pourrait-on pas le faire en zinc !...

. . . .

Ce fut là une distraction.

Courbet fut enterré comme il le méritait.

. . . .

La société aujourd'hui ressemble au père Courbet : elle voudrait ensevelir le peintre dans du zinc ; mais un jour, croyons-le, elle ne lui marchandera pas le plomb...

. . . .

Quant aux habitants d'Ornans, — ces gueux ! — qui ont renversé le *Pêcheur aux Chavots*, ils sont déshonorés aux yeux de l'histoire, s'ils n'élèvent pas, sur la place même de l'œuvre, la statue de Courbet.

Fin.

TABLE DES MATIÈRES

Dédicace	1
Préface	5
I. Le père Courbet	11
II. La guerre aux livres	23
III. Entêtement	37
IV. Histoire de chantage	49
V. Le peintre	61
VI. Le réaliste	73
VII. *Inter pocula... Sursum corda !*	87
VIII. Batailles	103
IX. Blagues	121
X. La colonne	138
XI. Courbet et ses ennemis	155
XII. Les disciples de Courbet	173
Synthèse	187

VIENT DE PARAITRE

LES HAUTS FAITS

DE

M. DE PONTHAU

PAR

LÉON HENNIQUE

Un beau volume in-8o, illustré de FUSAINS ORIGINAUX

PAR

Benjamin **CONSTANT, GERVEX, INGOMARD**, etc.

Un beau et fort volume avec les gravures tirées à part. — Prix: **6 fr.**

N. B. — Il a été tiré des **Hauts Faits de M. de Ponthau** 32 exemplaires de luxe avec gravures avant la lettre, comme suit:

1 Exemplaire sur vélin } non mis dans le commerce.
1 — sur Japon }
10 — sur papier Whatmann à **20** francs.
20 — sur papier de Hollande teinte, à **15** fr.

AVIS. — Il n'a été tiré des exemplaires avant la lettre que pour les exemplaires de luxe.

Paris, typ. de M. DECEMBRI, 326, rue de Vaugirard.

www.ingramcontent.com/pod-product-compliance
Lightning Source LLC
Chambersburg PA
CBHW051906160426
43198CB00012B/1771